国宏智库青年丛书

智能交通高质量发展研究

陈晓博 著

中国社会科学出版社

图书在版编目（CIP）数据

智能交通高质量发展研究 / 陈晓博著 . —北京：中国社会科学出版社，2020.11

（国宏智库青年丛书）

ISBN 978-7-5203-7465-1

Ⅰ.①智… Ⅱ.①陈… Ⅲ.①智能系统—应用—交通运输发展—研究—中国 Ⅳ.① F512.3-39

中国版本图书馆 CIP 数据核字（2020）第 215565 号

出 版 人	赵剑英
责任编辑	喻 苗
特邀编辑	崔芝妹
责任校对	任晓晓
责任印制	王 超

出　　版	中国社会科学出版社
社　　址	北京鼓楼西大街甲 158 号
邮　　编	100720
网　　址	http://www.csspw.cn
发 行 部	010-84083685
门 市 部	010-84029450
经　　销	新华书店及其他书店
印　　刷	北京明恒达印务有限公司
装　　订	廊坊市广阳区广增装订厂
版　　次	2020 年 11 月第 1 版
印　　次	2020 年 11 月第 1 次印刷
开　　本	710×1000　1/16
印　　张	12.75
字　　数	184 千字
定　　价	69.00 元

凡购买中国社会科学出版社图书，如有质量问题请与本社营销中心联系调换
电话：010-84083683
版权所有　侵权必究

序 言

智能交通是我国交通运输全面升级和建设交通强国的重要任务和手段。我国具有超大规模的市场和超大体量的消费，这个规模和体量足以培育出任何一个可市场化的产品，达到世界级的产业规模。中国有世界级规模和高质量的交通基础设施、交通运输服务和交通运输管理，智能交通发展理应达到世界级的规模。新一轮科技革命和产业变革正在孕育兴起，为智能交通高质量发展提供了有力支撑，将显著改变交通运输的组织模式、服务手段和经营方式。智能交通既是新型基础设施融合发展的重要领域，也是交通创新驱动发展的动力来源，亟需更高层次审视智能交通在经济社会发展中的功能作用，从系统性和整体性的角度谋划智能交通发展，从而为整个综合交通运输体系的变革赋能。

要全面深入认识和发挥智能交通的引领带动作用。智能交通不是交通行业又出现了一个新领域，因为智能交通不具有独立明确的产业界限。在正确认识智能交通的基础上，要抓住智能交通对整个交通运输发展变革的机遇，变革交通运输的发展方式。智能交通是以技术融合、服务融合和管理融合等"三个融合"的方式嵌入到交通的基础设施、运输装备、交通运输服务、交通运输管理、交通安全管理等，应该视为在智能交通技术支撑下形成新的产业技术、产业模式和产业生态的一种产业形态。所以，智能交通的发展，要想形成规模化的产业场景，就必须在技术、模式、业态三个层面上，向交通运输的发展进行嵌入、融合，实现融合发展，以融合打破行业界限，这也是应用新技术、新模式、新业态的重要基础，也是把传统的技术研发模式最终变成产品的生产、产品的销售、完整产业链条的新模式的重要前提条件。

要抓住智能交通对交通运输发展变革的机遇。智能交通将使得我国不用再走一遍发达国家的交通现代化路子，建设交通强国也不是对标其他发达国家交通发展现状，未来智能交通的发展可能会让一些国家甚至是发达国家反过来向我国对标——充分利用互联网、移动互联、大数据、云计算、物联网、人工智能、区块链等先进技术应用带来的智能交通发展的新场景、新生态，从而抓住对交通运输的基础设施建设、服务运营、市场管理等模式的变革机会。先进技术给智能交通大发展提供了便利条件，行业未来需要解决的问题是彻底打破部门之间的界限，部门之间要以融合的思维来进行行业管理，而不是以排斥的思维来进行领地的管理。领地化的管理，是会阻碍融合发展，会阻碍技术的应用。未来智能交通发展政策的形成方式和形成思路，都要做相应的调整。过于迁就各部门的管理现状，交通运输融合发展就落不了地，所以一定要解决这个问题，才能真正抓住智能交通的发展机遇。

依托智能交通加快交通运输发展方式创新。智能交通的技术创新带来供需双侧的改革，建设创新要求基础设施功能转型，服务创新必须推动供给侧结构性改革，保障创新需要营造全新的发展环境。在交通基础设施、交通工具、交通管理、运输服务等各个环节可以通过智能交通技术和系统，建立起密切的联系，将智能化发展贯穿于交通运输规划、建设、管理、运营、服务等全链条全要素之中。比如交通基础设施需要多大的规模，建在哪里；运输工具投入多少，怎么组织运营；出行的需求、安全的需求在哪里，怎么满足需求；在运输装备的运行和服务的满足过程当中，政府如何提供精准的公共服务等等。

着眼新发展阶段，有必要全面总结梳理智能交通发展实践，吸收相关研究成果，构建智能交通发展的政策体系和理论体系，以期指导智能交通发展。陈晓博士长期专注于综合交通运输规划政策和智能交通研究工作，《智能交通高质量发展研究》一书着眼于抓住智能交通发展的机遇，立足于智能交通发展重点的主要领域和重大问题，系统擘画了智能交通发展的新路径和新图景。该书首次从宏观政策视角对智能交通高质量发展进行解构，密切结合了国家智能交通相关政策和规划制定的实践经验，对智能交通高质量发展的概念、内涵特征、总体思路和顶层设计等进行了全面深入的阐述，研究探讨了新时期的智能交通体系框架。同时，该书在全面分析我国智能交通的发展历程和演化方向，对美国、日本、欧洲等智能交通发展最新成果和发展经验进行了系统性总结基础上，构建了新时代智能交通高质量发展的应用体系，提出了智慧公路、智能铁路、智能航运、智慧民航等的发展思路和任务，并对交通互联网平台组织创新应用、智慧信息网络新型基础设施发展、交通智能化与绿色化融合发展等提出了具体的发展思路和任务。最后，作者系统提出了智能交通发展的政策体系，管理体制机制和保障措施。全书体系完整，研究深入，观点鲜明。

《智能交通高质量发展研究》一书政策性和实践性较强，从宏观视角对智能交通高质量发展进行了前瞻性探索，但智能交通高质量发展本身尚处于理论和实践的完善之中，智能交通发展在理论上还是有很多待深化之处，希望作者能够进一步拓展视野，密切跟踪国内外智能交通发展的新动向，就智能交通这个大题目持续、深化、细化研究，不断丰富和完善相关理论和分析方法，更好地指导我国智能交通高质量发展。

国家发展和改革委员会综合运输研究所所长　汪　鸣
2020 年 9 月 24 日

前言

智能交通是新型基础设施与交通运输深度融合的新兴产业，是推进综合交通运输质量变革、效率变革、动力变革的重要依托，是建设交通强国和交通运输现代化的战略基石，也是抢占新一轮科技革命和产业变革先机的重要抓手。

在新发展格局、新发展理念下，智能交通在经济社会发展中的地位不断凸显，对交通运输全要素生产率提升功效逐步彰显，对综合交通运输统筹作用不断加强，发展智能交通有利于推动综合交通运输体系数字化、网联化、智能化发展，有助于引领交通运输转型优化迈入新阶段。

智能交通历经前期探索、发展起步、全面应用直至转型升级阶段已历经40余年，从交通基本要素信息数字化、交通运输实体的互联互通网联化，再到交通运输的全面协同智能化，技术的进步带动交通运输行业加速演进，推动交通运输与网络信息行业等加速融合。

智能交通发展正在实现高质量发展转型升级：智能交通发展的创新性、综合性、融合性、国际性逐步凸显，智能交通由单一技术驱动向多要素联合驱动转变、由单领域分立式发展到全领域联动式发展转变、由行业小生态向经济社会大生态融合发展转变、由交通效率优先为主转向交通效率、交通安全和生态环保并重，由各部门分头式引导向全领域协同推进转变，由借鉴国外、技术跟踪转向自主发展和技术创新，发展水平不断迈向新高度。

智能交通的内涵和外延随着时代的演进也在不断发生变化。互联网、人工智能等新兴技术和数字经济产业的勃发赋予了智能交通更多新的含义。与智能交通概念相近的有智慧交通、数字交通、"互联网+"交通运输等概念，共享交通新业态通常也具有智能交通的属性，如《交通强国建设纲要》《粤港澳大湾区发展规划纲要》等，智能交通和智慧交通甚至同时在文中不同章节出现。涉及某些行业的智能化发展时，如水路领域，还会平行出现智能航运、智慧航道、智慧港口、数字航道等概念。我认为，智能交通、智慧交通、数字交通等所代表基本上是同一概念范畴，在学术内涵本质上并无太大差别。因此，在本书中，均以"智能交通"概念一以概之，涉及具体行业领域，则使用通常称谓，如智慧公路、智能航运等。

本书基于新发展形势，结合新发展理念，借鉴国外发达国家经验，重点提出了"4+1+1+1+3"智能交通高质量发展体系（4智能应用——智慧公路、智能铁路、智能航运、智慧民航+1平台——互联网组织平台+1网络——智慧信息通信网络+1融合——智能化与绿色化融合发展+3——政策、体制、保障）。打造"设施+服务+网络"智能交通发展新格局（智能交通基础设施+智慧出行、智慧物流服务体系+智能综合交通运输管理）。

本书聚焦于智能交通发展历程和演化方向（第一章），充分借鉴美国、日本、欧洲等主要发达国家和地区智能交通发展的经验（第二章），提出了智能交通高质量发展的总体思路和顶层设计（第三章）。并从智慧公路、智能铁路、智能航运、智慧民航等分析逐步构建了智能交通高质量发展的应用体系和发展任务（第四章），提出了交通互联网平台组织创新应用研究（第五章）、智慧信息网络新型基础设施（第六章）、智能化与绿色化融合发展（第七章）等任务。同时，从智能交通高质量发展的政策体系（第八章）、管理体制机制（第九章）、保障措施（第十章）等进行了系统分析。最后，书末还附有我国重要智能交通规划、政策、标准。

本书政策性较强，为国家智能交通政策研究中心的成果，密切结合了国家和行业智能交通战略、规划、政策等的设计制定工作，辅以大量形势研究、国内外发展情况探究、案例分析和政策解析，对智能交通管理体制机制、科研体系、保障措施进行了深入探讨。本书与以技术研究为主的传统智能交通书籍具有较大差别。可供智能交通相关领域政策制定者、行业从业者、科研工作者、大学相关专业学生参阅。

智能交通是一个涉及面非常广的产业，也是一个各领域交叉融合的行业，本书更多的是分析智能交通的本质特征，把握智能交通的发展方向，提出重要领域的发展思路，难免有所疏漏，敬请各位读者批评指正。

陈晓博
2020 年 8 月于国家发展和改革委员会综合运输研究所

目 录
Contents

第一章 智能交通发展历程和演化方向 // 1

　　第一节　发展历程回顾 // 1
　　第二节　行业演化方向 // 3
　　第三节　智能交通高质量发展的内涵 // 7
　　第四节　新时代智能交通高质量发展面临的形势 // 9

第二章 智能交通高质量发展的国际经验借鉴 // 13

　　第一节　美国智能交通发展经验借鉴 // 13
　　第二节　日本智能交通发展经验借鉴 // 19
　　第三节　欧洲智能交通发展经验借鉴 // 26
　　第四节　主要发达国家智能交通发展经验总结归纳 // 31

第三章 智能交通高质量发展的总体思路和顶层设计 // 34

　　第一节　总体思路 // 34
　　第二节　发展导向 // 35
　　第三节　顶层设计 // 36

第四章 智能交通高质量发展的应用体系和发展任务 // 47

　　第一节　打造智慧公路 // 47
　　第二节　智能铁路 // 64
　　第三节　发展智能航运 // 80

第四节 智慧民航 // 87

第五章 交通互联网平台组织创新应用研究 // 92

第一节 互联网平台的发展特征和现状 // 92

第二节 互联网平台发展面临的挑战 // 101

第三节 依托互联网平台运输组织和基础设施优化提升的方式 // 103

第四节 交通互联网平台组织创新应用政策建议和保障措施 // 108

第六章 智慧信息网络新型基础设施 // 112

第一节 信息网络新型基础设施发展背景和形势 // 112

第二节 信息网络基础设施等新型基础设施的发展和建设 // 114

第三节 创新发展交通运输新型基础设施 // 119

第七章 智能化与绿色化融合发展 // 125

第一节 交通绿色化发展形势 // 125

第二节 对我国大规模推广新能源汽车应用的思考 // 137

第三节 新能源汽车发展建议 // 144

第八章 智能交通高质量发展的政策体系 // 148

第一节 规划体系 // 148

第二节 科研体系 // 155

第三节 指标体系 // 159

第四节 标准体系 // 161

第九章 智能交通高质量发展的管理体制机制 // 167

第一节 政府机构与管理机制 // 167

第二节 市场发挥主导地位 // 170

第三节　理顺中央与地方发展关系 // 171

第十章　推动智能交通高质量发展的保障措施 // 173
第一节　组织保障 // 173
第二节　资金保障 // 174
第三节　数据保障 // 174
第四节　创新保障 // 175

附件一　我国智能交通规划和政策列表 // 176

附件二　我国智能交通发展技术标准列表 // 185

参考文献 // 188

后　记 // 191

第一章
智能交通发展历程和演化方向

智能交通是我国交通运输全面升级和建设交通强国的重要手段和机遇。智能交通发展历经前期探索期、发展起步期、全面应用期和转型升级期，行业演进规律和发展脉络等清晰。智能交通高质量发展是必由之路和战略导向。

第一节　发展历程回顾

智能交通系统是在较完善的交通基础设施之上，在先进的信息、通信、计算机、自动控制和系统集成等技术前提下，通过先进的交通信息采集与融合技术、交通对象交互以及智能化交通控制与管理等专有技术，加强载运工具、载体和用户之间的联系，提高交通系统的运行效率，减少交通事故，降低环境污染，从而建立一个高效、便捷、安全、环保、舒适的综合交通运输体系。我国的智能交通发展与发达国家步调基本一致，经历了从机械化到电子化，再由数字化到智能化的发展历程，可分为前期探索期、发展起步期、全面应用期、转型升级期四个阶段。

一　前期探索期（20世纪80年代至90年代初期）

交通信息化发展起步，交通运输各行业信息化工作取得初步突破，城市交通控制系统逐步普及，利用数字化手段提高交通运行效率和改善交通安全能力被逐步接受，我国开始在交通运输管理中心应用电子信息技术。在政府的大力支持下，众多的专家学者、科研机构和企业坚持自主开发，进行了深入的理论研究、产品研究开发和应用示范，并取得了一定成果。20世纪80年代初，我国研发和建立了适合我国混合交通流特性的控制系统。广州与上海分别引进了我国第一条线控的交通信号控制系统，广州市在东风路五个路口实现了交通信号绿波带控制，到1992年后逐渐被新引进的澳大利亚SCATS系统取代。原铁路部开始对铁路运行管理进行数字化改造升级。

二　发展起步期（20世纪90年代初期至21世纪初期）

智能交通发展理念在世界范围内得到确立。国内由多部委联合推动的全国智能交通系统协调指导小组成立，智能交通学科专业体系和培养制度逐步形成。智能交通研究机构体系初步建立，相继成立了国家智能交通系统工程技术研究中心、国家铁路智能运输系统工程中心等。全国智能交通体系框架和技术标准体系建立，智能交通的新兴产业地位逐步得到确定。部分城市制定了地方智能交通系统发展规划和体系框架，部分技术及产业化等方面也取得了显著成绩。铁路部门初步构建了铁路运输调度指挥管理信息系统［DMIS，DMIS后更名为铁路列车调度指挥系统（TDCS）］。打造了铁路运输管理信息系统（TMIS），覆盖中央数据库系统，站、段系统，部局、分局应用系统和计算机网络系统四个部分，以及确报、货票、编组站、货运营销及生产管理、车辆管理、调度、集装箱追踪和大节点货车追踪八个子系统。

三　全面应用期（21世纪初期至2015年）

智能交通成为社会发展共识，进入全面应用推广时期。包括：公路水路信息化水平不断提升，车路协同概念深入人心，ETC不停车收费和服务系统逐步普及；科学技术部将"智能交通系统关键技术开发和示范工程"列入"十五"国家科技攻关计划的重大项目；首批遴选北京、上海、天津、重庆、广州、济南、青岛、杭州、深圳和中山等十个城市作为智能交通试点的示范城市；国家"863""973"等计划对智能车路协同关键技术研究、大城市区域交通协同联动控制关键技术等进行立项研究。铁路和城市轨道交通、民航等的智能化水平显著提高，CTCS-3级列车运行控制系统全面应用，12306和95306平台相继投入使用。此外，我国还推出了一系列城市智能交通应用示范系统，如北京奥运会智能交通集成系统、上海世博会智能交通技术综合集成系统、广州亚运会智能交通综合信息平台系统、无锡惠山区智能交通系统等，大中小城市智能交通控制系统也逐步完善。

四 转型升级期（2015年至今）

数字经济在我国经济社会发展中的重要性不断增强，作为经济发展新动能不断强化，互联网化、平台化助力智能交通管理和服务能力显著增强。国务院印发《关于积极推进"互联网+"行动的指导意见》，首次提出新型基础设施概念，并提出发展"互联网+"便捷交通、"互联网+"高效物流的行动计划。互联网、人工智能、大数据等与交通运输发展融合程度不断加强，互联网企业和传统交通运输企业不断进入智能交通市场。2020年，国家提出重点推动新型基础设施发展，也给智能交通基础设施带来了新的机遇。

第二节 行业演化方向

回顾智能交通40余年的发展历程，有助于把握智能交通的演进规律和发展脉络。从驱动力来看，智能交通实现了由单一技术驱动向多要素联合驱动转变；从联动发展来看，智能交通实现了由单领域分立式发展到全领域联动式发展转变；从政府部门引导来看，智能交通实现了从各部门分头式引导到全领域协同推进的历程。

一　由单一技术驱动向多要素联合驱动转变

智能交通是新一轮科技革命和产业变革的产物，是高技术产业与交通运输领域融合发展的成果。先进技术的应用显著改变了交通运输领域的面貌，近40年技术的革新推动了智能交通行业快速升级发展。随着应用场景不断丰富、用户规模不断扩大，智能交通新业态、新模式、新产业层出不穷，技术、市场和资本多要素联合驱动的智能交通产业发展态势越发明显。智能交通已成为孕育关键核心竞争技术的重要土壤，成为数字经济业态创新的重要领域，成为风险投资青睐的重要风口，成为积淀经济社会运行数据资源的重要源头。多要素联合驱动推动了智能交通发展迈向新台阶。

二　由单领域分立式发展到全领域联动式发展转变

智能交通从城市交通、公路、铁路、民航等单领域单场景应用出发，显著提升了经济社会和综合交通运输某一领域、某一环节的网络效率和便捷水平，在单个交通运输领域的应用发展方面取得了较大进展。随着万物互联、人机交互、天地一体的网络空间加快形成，智能化应用对交通运输全领域、全链条渗透，交通基本要素信息化、数字化率逐步达到100%。数字化、网联化、智能化必将全面改变交通运输的发展面貌，以智能交通为串接，提升整个综合交通运输的发展水平，推动全要素生产率不断提升。

三　由行业小生态向经济社会大生态融合发展转变

交通运输与经济社会深度融合发展推动智能交通从交通运输行业"出圈"，向经济社会大生态融合发展转变。交通出行和物流运转事关经济社会的各个领域和环节，因此以交通运输组织为核心功能，融合联动交易结算、社交娱乐、金融保险、信用管理等功能的交通互联网平台层出不穷。智能交通既是智慧城市是重要基石，也是数字经济的重要载体，还兼具高技术产业和基础设施产业的双重属性，其由行业小生态向经济社会大生态融合发展转变将是非常突出的特征。

四 以交通效率优先为主转向效率、安全和环保并重

当前，智能交通的实施主要以支撑交通管理和控制为目的，主要目标是减少交通拥堵、提升交通效率、优化出行者的出行路线和出行方式。智能交通系统在既有路网条件下，强化了运输组织和衔接水平，提高了交通运输系统运转效率，未来将会在交通安全和生态环保方面发挥更大的作用。如通过车路协同技术，通过车车、车路信息交互和智能感知发掘路况信息和安全隐患，对出行者进行提示，让出行者被动或主动规避危险的交通情况，减少交通伤亡；对交通工具的能耗和尾气排放进行监测，优化车辆驾驶方式，减少能源消耗，最大程度上保障生态环境安全。

五 以小汽车服务为主转向以公共交通服务为主

小汽车作为私人出行工具，是智能交通的主要服务的对象。小汽车机动性强，出行范围广，能够较早体验到智能交通服务。将来随着移动互联网的普及，智能交通服务将有能力面向每一种出行方式，服务领域也将深入公路、铁路、民航和城市交通等诸多领域，并最终形成一体化的智能交通系统，极大提高交通运输效率。公共交通承载大部分的出行者，将成为智能交通的主要受惠对象。

六 从交通管理领域服务转向以出行和物流服务为主

运输服务是交通运输发展的出发点和落脚点。在我国，智能交通系统服务的对象将从以交通管理部门为主转为以出行和物流服务为主。智能交通将在未来主要面向普通出行者，以市场为导向，进一步改善交通

安全水平，提升交通效率，改善生态环境。普通出行者数量巨大，每一个人都可以作为智能交通的市场受众，其蕴藏着更为广阔的市场。而出行者也将受益于智能交通的服务，得到更安全、更高效的出行服务体验。同时，随着电商快递新业态的不断发展，以企业为主导的智慧物流服务发展进步较快，技术装备和平台应用在世界范围内处于领先地位。

七 由借鉴国外、技术跟踪转向自主发展和技术创新

我国智能交通在起步和发展初期主要借鉴美国、日本和欧洲等发达国家和地区经验，对国外的技术发展状况进行跟踪，引进或模仿国外的技术装备。地方项目的实施运用了大量国外技术装备，国家标准的制定也参考了发达国家的状况。但随着我国交通技术装备水平的不断提高，与发达国家的技术差距水平不断缩小，在某些领域已经能够实现技术装备的自给自足，具备了研发创新的条件，拥有了赶超国外发达国家的基础。同时，随着我国智能交通市场趋于成熟，从国外引入的先进技术不一定能够满足国内市场需求。充分考虑国内交通环境、细分市场需求，创造出满足国内市场需求的产品和应用将是我国智能交通发展的趋势。目前，我国交通部门也在积极制定自有的智能交通技术标准，积极争取在该领域的国际话语权，在融入国际技术标准和产业竞争大循环的条件下，增强国内技术装备自主可控性，从而反向拓展国际市场。

八 由各部门分头式引导向全领域协同推进转变

智能交通发展涉及多个行业主管部门职能，管理职能相对交叉，并仍存在部分管理空白，这是由智能交通演进过程中应用场景的多元化、发展业态的多样性决定的。随着智能交通的多要素驱动、全领域融合联动的特征显现，由行业小生态向经济社会大生态融合发展步伐加快，实施智能交通战略引领、建立全领域协同推进机制的必要性上升。由宏观经济管理部门、交通运输各行业管理部门、网络信息管理

部门、工业和信息化管理部门、公安交通管理部门、科技管理部门等部门及重点企业协同推进智能交通发展是大势所趋。

第三节　智能交通高质量发展的内涵

当前，我国智能交通正迈向高质量发展阶段。高质量发展体现在技术和理念的创新、交通运输体系的综合贯通、交通运输发展与战略新兴产业的深度融合、科技竞争力和产业控制力的国际认可。

一　创新性——技术和理念创新引领交通运输智能化发展

交通运输是一个崇尚创新、敢于创新的行业，智能交通则是交通运输创新前沿最具活力、最具影响的领域。交通运输是创新驱动发展的重要载体，每一轮科技革命和产业变革都带动了交通运输革命性的发展，新一代信息技术、新材料、新能源等世界科技前沿突破必然与智能交通发展密切相关。当前的科技革命和产业变革催生了人工智能、大数据、物联网、新一代移动通信网等先进技术，新技术与交通运输的融合发展推动智能交通持续升级，带动了铁路、公路、航运、民航等交通领域的智能化发展，促进了交通运输工具的更新换代，优化了交通基础设施的规划、建设、运行环境，推动了交通运输服务的优化升级。同时，智能交通的创新性不仅包括技术的创新性，还包括由治理手段创新带动治理思想和理念的变革，推动交通运输治理体系和治理能力现代化。展望未来，引发交通产业变革的前瞻性、颠覆性技术未来还将不断涌现，带动智能交通技术水平和行业治理能力不断提升，将助推智能交通高质量发展再上新台阶。

二　综合性——智能交通贯通综合交通运输体系

智能交通是交通现代化的重要标志。交通现代化是全领域、全系统、全体系的现代化。智能交通正由单领域、单方向的智能化应用系统向更高层次的综合性、协同式、平台型演进，智能交通将贯穿综合交通运输体系的全领域、全链条、全周期。高质量发展智能交通系统，有利于推进全领域信息互通共享、交通运输服务全链条协同优化、交通基础设施全生命周期高效运行。展望未来，智能交通发展将助力基础设施高质量发展，推动信息网络和数据资源赋能综合交通运输体系，以智能交通为平台推进交通基础网、运输服务网、能源网与信息网络一体化发展。

三 融合性——智能交通创造经济产业新增长点

智能交通是重要的融合型新型基础设施，同时还兼具基础产业和高技术产业的特征。作为数字经济的重要领域，智能交通还是新技术、新业态、新产业蓬勃发展的重要载体，体现了经济社会与交通运输深度融合发展。智慧出行、智慧物流的发展有利于打造新的产业生态环境，依托交通互联网平台，围绕交通运输组织和管控等核心要素，衍生金融、信用、娱乐等诸多功能，从而推动经济社会发展转型升级，全面培育新的经济增长点。

四 国际性——智能交通走在国际产业竞争前沿

智能交通产业链长，附加值高，对先进技术装备的依赖远胜于对钢筋水泥的依赖，是一个国家科技和产业竞争力的体现，也是发达国家竞相发展的高端产业，如智能交通领域的自动驾驶汽车、车路协同、自动化码头等更是科技和产业国际化竞争的制高点。同时，智能交通也是一个高度国际化的产业，技术和应用模式更新迭代较快，需要世界范围内的协同协作。我国的智能交通一直是在国际化大环境下发展的，先进设备的采购和调试，系统构建和功能集成、后期运营和管理等均需要密切的国际的合作和支持。因此，智能交通发展与国际供应链休戚相关，需保障国际产业链畅通、强化国际合作，以推动我国在国内大循环、国际国内双循环中提升科技和产业竞争力，引领全球智能交通相关高技术产业发展。

第四节　新时代智能交通高质量发展面临的形势

新时代智能交通发展是全球新一轮科技革命和产业变革的必然要求，也是我国建成现代化国家的远景诉求，同时还是我国推进"两新一重"（新型基础设施、新型城镇化、重大工程）发展的迫切需求。智能交通发展有利于推动传统交通基础设施提质升级，助力交通运输新型基础设施发展，促进跨领域基础设施融合发展。

一　经济社会高质量发展要求

（一）引领新一轮国际科技革命和产业变革的必然要求

历次科技革命对交通运输发展均产生了深刻影响，交通运输既是先进科技的载体，也是科技革命的孵化平台。造船航海技术的突破开启了全球大航海时代，以蒸汽机和内燃机为标识的工业革命发展推动了现代火车、汽车、船舶、飞机的诞生。以互联网、人工智能等为主导的新一轮科技革命和产业变革也将对交通运输发展产生深远影响：信息、材料、能源技术的发展将显著改变交通基础设施的基础特性；新技术的成熟和演进将催生新一代交通基础设施；新技术的交叉集成，与经济社会融合发展，催生新业态、新模式、新产业，将带来交通供给和需求结构大变革；数字经济、低碳经济、共享经济、智能经济业态创新层出不穷，将引领交通运输创新优化。

党的十九大报告中提出："加快建设创新型国家的要求，要建设加强应用基础研究，拓展实施国家重大科技项目，突出关键共性技术、前沿引领技术、现代工程技术、颠覆性技术创新，为建设科技强国、质量强国、航天强国、网络强国、交通强国、数字中国、智慧社会提供有力支撑"。新一代技术快速更新迭代建设全面提升等带来的时代机遇千载难逢。自动驾驶汽车、新能源汽车、新型轨道交通、智慧港口等新型交通运输设施和技术装备方兴未艾。智能交通以交通运输的数字化、网联化、智能化发展为特点，是科技革命和产业变革在交通运输领域中的爆发点，也是交通运输发展的重要趋势。

（二）全面建成现代化国家的长周期发展要求

我国正处于开启全面建设社会主义现代化国家新征程的历史关口，党的十九大顺应新的形势变化和时代要求，明确提出"决胜全面建成小康社会，开启全面建设社会主义现代化国家新征程"，指出"从全面建成小康社会到基本实现现代化，再到全面建成社会主义现代化强国，是新时代中国特色社会主义发展的战略安排"。从十九大到二十大，是"两个一百年"奋斗目标的历史交汇期。我们既要全面建成小康社会、实现第一个百年奋斗目标，又要乘势而上开启全面建设社会主义现代化国家新征程，向第二个百年奋斗目标进军。智能交通是串接交通运输各领域、各环节、各要素的系统，在新一代信息通信网络、人工智能、大数据、云计算等先进技术的支撑下，交通智能化将渗透至交通运输的各个方面，是交通运输现代化的重要特征。发展智能交通是全面建成现代化国家的长周期发展要求。

（三）推进"两新一重"发展的现阶段迫切需求

基于后疫情时代世界发展的新形势和复杂纷繁的国际变局，我国提出了推进"两新一重"（新型基础设施、新型城镇化、重大工程）发展的重大决策，智能交通基础设施是重要的融合型新型基础设施。推进"两新一重"发展具有迫切的现实意义和长远的历史意义，对于当前加快形成以国内大循环为主体、国内国际双循环相互促进的新发展格局至关重要：有利于稳定投资、扩大内需、促进就业、改善民生，对冲新型冠状病毒肺炎疫情给经济社会带来的负面影响；有利于积蓄经济发展潜能、增强发展后劲、推动经济社会发展、锻造我国产业核心竞争力；对于做好"六稳"工作、落实"六保"任务具有引领和导向作用。

二　交通运输优化提升需要

（一）传统交通基础设施发展亟待提升优化

历经40余年的大规模、高强度建设，传统交通基础设施的网络化、规模化扩张路径已经初显弊端，投资边际效益存在明显递减的问题。如何充分盘活超大规模的存量交通基础设施，全面挖掘经济和社会效益，同时降低存量设施管理养护压力，是当前传统交通基础设施发展面临的重大挑战。发展智能交通有利于持续优化提升传统交通基础设施的功效，以乘数效应带动投入产出。

（二）交通运输新型基础设施发展核心支撑

新型基础设施是以创新驱动为引领，以信息网络为基础，优化资源要素组织配置，承载经济社会新供给新需求，支撑数字转型、优化升级、融合创新等服务的基础设施体系。智能交通符合新型基础设施的所有特征，不仅有利于推动传统基础设施的智能化改造，提升存量基础设施的效益，也有利于创造融合发展新增量，打造综合交通运输体系发展新动能。

（三）跨领域基础设施融合发展的迫切需要

技术发展和产业演进迫切需要基础设施融合发展，目前部分基础设施的边界逐渐模糊，交通、能源、信息基础设施尤其需要统筹规划。智能交通基础设施兼具数字化、网联化、智能化的特性，以智能交通为平台，有利于统筹各类型基础设施的发展，支撑多类型基础设施一体化服务解决方案。

三　智能交通发展面临的风险和挑战

（一）经济效益和社会效益通常很难量化估算

技术进步催生了新兴产业，但其发展前景常常无法准确预测，技路线也常具有发散性、多径性。智能交通基础设施发展与传统交通基础设施的最大区别在于,前者带来的经济效益和社会效益很难事先估算,甚至项目可行性常常需要试验运行和对应的场景应用落地后才能确定。

(二)高投入、长周期的投入不确定性较强、风险较大

虽然智能交通各领域发展大多数具有明确的技术路径,但是前期投入大、回收周期长,很多项目需要政府直接投资来推动。将大规模资金、人力等稀缺资源投入具有很大不确定性的研究开发和应用推广具有很高风险。技术投入产生效益所需要的环境条件比任何硬件投入和基础设施建设的要求都更为复杂,技术更新迭代较快、技术演进存在不确定性,易导致技术装备和应用功能过时过期,一旦无法大规模应用,则前期投入将很难回收。

(三)知识产权和法律保护欠缺隐患依然存在

我国智能交通应用规范及新技术知识产权保护相关的法律内容缺失。由于现有交通法律法规缺乏对智能交通具体应用的许可、规范、限制等条款,随着科技发展而诞生的新型交通基础设施,以及未来智能交通领域的众多创新成果,可能因无法可依而不能顺利落地。此外,现有的知识产权法没有智能交通技术领域相关的规定,许多技术创新的成果无法从法律层面得到保障,影响交通领域人才的创新积极性,进而影响社会经济秩序。这种状况不利于科技进步。科技法律制度必须紧紧跟随技术发展的步伐,尽量避免出现立法空白,使法律的调控作用适应科技发展以及社会发展的需要。

第二章

智能交通高质量发展的国际经验借鉴

美国、日本和欧洲在智能交通发展方面走在世界前列,具有引领潮流的作用。这三个国家或地区的智能交通发展导向和技术路线具有一定差别,但又都是通过国家战略、法律、规划、标准等多个层面来推动智能交通的发展,并且均取得了较好的发展成就。

第一节 美国智能交通发展经验借鉴

一 美国推进智能交通发展的政策

美国的智能交通在全世界一直起到示范和引领作用。美国发展智能交通系统最初考虑的是将先进的信息通信技术(ICT)应用至交通基础设施和载运工具中,对交通系统进行智能化升级。美国以道路交通系统的智能化为核心来推动智能交通发展,通过构造一整套技术和运营的先进系统,提高了交通运输系统整体能力。

(一)立法工作在美国促进智能交通研发和实施的过程中至关重要

20世纪90年代以来,美国联邦政府、交通部等政府机构出台了一系列智能交通相关的法案、政策、规划、项目、标准。为行业发展提供指引,全面营造良好的发展环境,并投入了大量资金用于研究、开发和应用智能交通系统,稳步推动智能交通的研发和项目实施。

1991年美国国会通过了《陆上综合运输效率化法案》(ISTEA),计划通过信息通信和交通需求供应管理提升交通路网的运行效率,提出了建立经济高效、节约能源、环境友好的全国综合交通运输体系的发展目标，并确立由联邦交通运输管理部门负责全国智能交通管理。在1991年接下来的六年，政府拨款6.6亿美元全面支撑智能交通的研发和应用活动。1998年，美国颁布了《21世纪交通平等法案》(TEA-21)，通过立法推动智能交通的发展重点由研发转向基础设施集成。2005年9月，美国国会通过了《高效交通公平法案》(SAFETEA-LU)，确立了智能交通在推动交通发展中的核心作用。

（二）美国建立了以ITS JPO为主的智能交通管理体制机制

美国ITS JPO（智能交通系统联合项目办公室）是美国交通部设立的推动智能交通发展的下属机构，其目标是促进智能交通的开发和使用，使得人员和货物的运送变得更安全、更高效。ITS JPO依据美国国会通过的一系列法案，在美国交通部的指导下出台了一系列智能交通战略规划和政策指导文件。

（三）美国持续出台了一系列智能交通战略规划

政策层面，美国曾在1995年、1999年、2001年连续推出了智能交通战略规划和相应的项目计划。2009年，美国通过《智能交通系统战略计划：2010—2014》（通过连接转型升级交通系统），主要目的是确保IntelliDrive车路协同系统在2014年正式投入实际道路使用，通过政策推动车载装置和路侧装置部署工作的开展。2014年，美国交通部出台了《智能交通系统战略计划2015—2019》，明确了智能交通领域的发展方向，确立了汽车智能化、网联化两大战略重点，同时提出打造更加安全的车辆和道路来缓解交通压力，提高通勤效率。该规划提出未来美国车联网发展将分为三个发展阶段：①概念车发展阶段；②设计制造测试阶段；③维护和运营阶段。2020年，美国交通部智能交通系统联合项目办公室提出了《智能交通系统战略计划2020—2025》，提出了"加速ITS的运动来改变社会中的交通运行方式，识别和评估可用于交通运输系统的新兴替代技术方案，从公共利益出发引导并协调其研究、试验新兴技术，支持在整个运输系统中实施经验证的ITS技术、方法和政策，挖掘智能交通系统能力实现所有地面运输模式的全部利益潜力"等五大战略愿景。

当前，美国的智能交通研究重点是自动驾驶系统和车联网（车路协同）。为促进这两个重点领域的发展，美国推出了一系列专项政策。

具体来看，在自动驾驶方面：2016年9月，美国交通部颁布了《联邦自动驾驶汽车政策（1.0）》，同意了自动驾驶的分级标准，采纳国际汽车工程师协会的自动驾驶分级定义，对于高度自动驾驶车辆（L3-5级），鼓励使用智能网联技术，并提出了自动驾驶设计、测试和部署的参考。2017年9月，美国交通部颁布了《联邦自动驾驶汽车政策（2.0）》（自动驾驶系统——安全愿景），推动各行业、各地方政府及民众支持自动驾驶技术的部署，采纳了通过公众评论和国会听证会获得的反馈，以自愿为指导，鼓励最佳做法并优先考虑安全。2018年，美国交通部发布新版联邦自动驾驶汽车指导文件《联邦自动驾驶政策（3.0）》（为交通的未来准备），重新定义"驾驶员"和"操作员"等术语，以明确操控汽车者并非人类，鼓励使用5.9GHz无线通信频段，不再承认奥巴马政府认证的10个自动驾驶试验场。2019年，美国联邦通信委员会（FCC）重新分配5.9GHz的20MHz频段用于车联网和车路协同无线通信技术。2019年，美国还发布了《国家人工智能（2019）》，重点指出联邦经费投资将向机器学习与人工智能基础研究倾斜。2020年，美国交通部推出《联邦自动驾驶政策（4.0）》（保证美国在自动驾驶汽车技术的领导地位），优先考虑安全，强调公共安全与网络安全，确保隐私和数据安全，增强出行能力与自由，保持技术中立，保护美国的创新和创造力，提出法规现代化，推广统一的标准和政策，确保联邦机构间的协作，改善整个运输系统的效能。

表2-1　　　　　　　　　美国智能交通政策发展一览

阶段	颁布时间	法律和规定	主要内容
ITS研究开发阶段	1991年	ISTEA（Intermodal Surface Transportation Efficiency Act）	确定从国家层面推动智能交通发展的战略
	1995年	国家ITS项目规划	规划了美国未来十年的智能交通发展方向
	1997年	ISTEA II	确定了美国联邦政府对智能交通发展的支持措施，对如何采用先进技术以提高运输网络的效能做了相应规定

续表

阶段	颁布时间	法律和规定	主要内容
ITS基础设施实施阶段	1998年	TEA-21《21世纪交通平等法案》	在1998—2003年由联邦政府拨款12.82亿美元经费用于研究和开发ITS技术
	1999年	5年ITS项目计划	制订了美国ITS项目基础设施实施和集成的行动计划
	2001年	10年ITS项目计划	制订了美国ITS项目确切的目标,广泛实施私有产品的联邦政策和行动计划
	2004年	SAFETEA-LU	确立了智能交通在综合交通运输发展中的核心作用
	2009年	《ITS战略计划:2010—2014》	计划核心是IntelliDrive,推动IntelliDrive在2014年正式投入实际道路使用,通过立法推动车载装置和路侧装置部署工作的开展
	2014年	《ITS战略计划:2015—2019》	确立了汽车智能化、网联化两大战略重点,同时提出打造更加安全的车辆和道路来缓解交通压力,提高通勤效率
	2020年	《ITS战略计划:2020—2025》	加速ITS的实施来改变社会中的交通运行方式,识别和评估可用于交通运输系统的新兴替代技术方案,从公共利益出发引导并协调其研究、试验新兴技术,支持在整个运输系统中实施经验证的ITS技术、方法和政策,挖掘智能交通系统能力
	2016年9月	《联邦自动驾驶汽车政策(1.0)》	正式采纳了国际汽车工程师协会的自动驾驶分级定义,适用于高度自动驾驶车辆(L3-5级),鼓励高度自动驾驶车辆使用智能网联技术。提出了一套自动驾驶设计、测试和部署的最佳实践指南,建议各州采纳的示范政策,确定当前联邦与州在监管自动驾驶方面的分工与协作,简化审查流程,使交通部针对自动驾驶问题和豁免及时发布监管解释,为国家公路交通安全管理局确定了新的监管工具和监管结构
	2017年9月	《联邦自动驾驶汽车政策(2.0)(自动驾驶系统——安全愿景)》	呼吁行业、州和地方政府及公众支持自动驾驶技术的部署。采纳了通过公众评论和国会听证会获得的反馈。以自愿为指导,鼓励最佳做法并优先考虑安全
	2018年10月	《联邦自动驾驶汽车政策(3.0)(为交通的未来准备)》	重新定义"驾驶员"和"操作员"等术语,以明确操控汽车者并非人类,鼓励使用5.9 GHz频段,不再承认奥巴马政府认证的10个自动驾驶试验场,更新《统一交通控制手册》以满足自动驾驶的需求。解决自动驾驶技术对公路客货运输、公共交通、铁路、港口和船舶的影响,扩大交通部的监管范围

续表

阶段	颁布时间	法律和规定	主要内容
ITS基础设施实施阶段	2020年1月	《联邦自动驾驶政策（4.0）（保证美国在自动驾驶汽车技术的领导地位）》	优先考虑安全，强调公共安全与网络安全，确保隐私和数据安全，增强出行能力与自由，保持技术中立，保护美国的创新和创造力，提出法规现代化，推广统一的标准和政策，确保联邦机构间的协作，改善整个运输系统的效能

资料来源：美国交通部。

二 美国智能交通发展的情况

（一）美国智能交通起步早成效显著

美国对于智能交通的探索最早可以追溯至20世纪60年代，通过电子道路导航系统实现车路双向通信来提供车辆导航服务。美国已经从最初的车载电子导航设施的普及、公共出行服务的开展、智能信号控制和电子收费系统的应用到全国性交通信息网络的构建，车辆防撞设施的提升、交通管理水平的提升转变。

（二）美国智能交通发展的重点之一是车路协同

美国车路协同技术的发展经历了从车路集成（Vehicle and Infrastructure Integration，Ⅶ）到智能驾驶（IntelliDrive），再到网联汽车（Connected Vehicle）的发展阶段。项目研究由美国交通部研究和创新技术管理局（RITA Research and Innovation Technology Administratoon）发起，并得到汽车制造商和美国各州交通部门的大力支持。技术研究从交通通信需求分析和典型应用场景设计开始，设计了满足交通通信需求的底层通信协议，开发设备样机，并正式颁布802.11p标准。2004年以来，美国的研究人员曾在加利福尼亚州和密歇根州进行了大量的车路协同实测实验。2011年5月，美国交通部将IntelliDrive正式更名为智能网联汽车研究（Connected Vehicle Research）。2012年8月，密歇根州的Ann Arbor成为网联汽车安全试点（Connected Vehicle Safety Pilot）的测试点，动用了近300辆配备了专用短程通信（DSRC）设备的小轿车、公交车和卡车来测试车

车 / 车路通信的表现，并考察车路协同应用在改善交通安全方面的作用，取得了一系列研究成果。这些数据成为美国国家公路交通安全管理局（NHTSA）制定政策的参考数据，而美国国家公路交通安全管理局计划规定，推动新出产的轻型车辆必须安装 DSRC 设备，新出产的重型车辆必须安装 DSRC 设备，同时考虑设计支持多种无线通信模式的上层协议。但因为政府高层的更迭，特朗普政府上台，强制装 DSRC 设备的政策被搁置下来。

目前，美国正在进一步依托车联网技术来提升智能化交通管理、智能交通服务以及车辆行驶安全水平。2015 年，美国交通部分别在怀俄明州、纽约市和佛罗里达州坦帕等试点开展了智能网联汽车的测试，三个区域或城市分别关注于减少高速公路因恶劣天气导致的拥堵、保障行人安全、缓解城市早高峰拥堵等，同时测试了搭载网联汽车技术的车辆，并结合先进的移动和路侧通信技术，来达到降低道路行车安全隐患、提升公众出行效率的目的，并最终应用至日常交通运行中。交通部负责第一阶段的全额资金投入，第二和第三阶段也将提供 80% 的资金，剩下的 20% 由当地机构进行补充。截至 2018 年底，美国交通部已经在这三个区域或城市投入项目经费超过 4500 万美元，其中 2018 年，美国国家公路交通安全管理局也开展了一系列探索性高级研究（EAR）项目，评估货车队列驾驶行驶采用最先进的协同自适应巡航控制技术，推动车辆根据安全运行的需要调整车距。

（三）美国早早介入自动驾驶产业，引领世界自动驾驶发展

在自动驾驶应用方面，美国早早介入自动驾驶产业，可谓"十年磨剑，利刃出鞘"。以美国为代表的发达国家近 20 年在自动驾驶领域持续大量投入，进行了众多技术攻关和示范应用，并在立法和政策上取得突破，"未来社会是自动驾驶社会"观念早已深入民心。美国等发达国家不仅探索自动驾驶发展的技术路径，同时正在网络信息、汽车制造方面制定专利标准，旨在建立行业壁垒进一步先发优势。发达国家自动驾驶产业现已经逐渐成熟并向外输出。美国 Velodyne 激光雷达、以色列 Mobile Eye 视觉传感器等已成为我国等发展中国家发展自动驾驶不可或缺的传感元件。

美国特斯拉和谷歌 Waymo 是在世界上最具代表性的企业。特斯拉自动驾驶的硬件设备包括摄像头、超声波传感器、前置雷达和车载处理器。到 2018 年 11 月，特斯拉车主使用自主驾驶辅助系统 Autopilot 已经完成了 10 亿英里的行程，特斯拉计划开发全新的视觉神经网络，收集到的图像、声波、雷达信号，让车辆能够更有效地获得各项信息。而谷歌旗下的 Waymo 通过摄像装置、雷达传感器和激光测距仪感知周围环境中的其他车辆和路况，并使用高分辨率地图来进行导航。Waymo 已经在 2018 年实现在美国 25 个城市的公路上完成了 1000 万英里的行驶距离。同时，Waymo 的虚拟测试距离也高达 70 亿英里。同时 Waymo 已经初步实现了商用，在美国的菲尼克斯市以自动驾驶出租车的形式提供搭乘服务。

（四）美国构建了智能交通公共数据中心

美国智能交通系统联合项目办公室及其合作伙伴也致力于提供开源性的实施公共调查数据。目前，美国智能交通公共数据中心已经成为美国交通部的主要数据管理系统。该系统可以访问正在进行中的项目中的数据、创建可视化并在线分析，并提供较为完善的用户访问系统。

第二节 日本智能交通发展经验借鉴

一 日本推进智能交通发展的政策

（一）围绕道路交通重点领域起步

日本的 ITS 研究与应用开发是围绕车辆信息与通信系统、不停车收费系统、先进道路支援系统等起步的。日本从国家规划、部门协调、技术研发、标准统一等方面推进，高度关注重点方向的产业发展，大力推动新技术应用。

日本早在 1973 年就开始对智能交通研究，直到 1994 年 1 月成立了由警察厅、通商产业省、运输省、邮政省、建设省五个部门支持的车辆·道路·交通智能化推进协会（VERTIS），目的是促进日本在 ITS 领域中的技术、产品的研究开发及推广应用。VERTIS 设立了未来 30 年的目标是：减少道路交通死亡事故一半以上，有力解决交通拥挤问题，降低汽车能源消耗及尾气排放。

（二）全面构建智能交通体系框架

1996 年 7 月，VERTIS 联合制定了《日本智能交通框架体系》。日本智能交通框架体系包括交通管理系统、车辆导航系统、自动收费系统、安全驾驶系统、交通组织优化系统、公共交通信息系统、行人辅助系统等组成部分。目前日本交通管理系统已经实现全国联网，日本全国 47 个都道府县都设有交通控制中心，实现对所有道路交叉路口的监控和信息自动处理，通过信息显示板、广播电台、路侧广播实施、智能手机终端等设备发布提示，以实现优化交通组织、调配交通流量、改善道路通行状况的目的。为推广应用 ITS 的研究成果，日本还先后制定了 Smartway（智能道路）计划和 Smartcar ASV（Advanced Safety Vehicle，先进安全型汽车）计划，目的是创造综合 ITS 技术高效的、安全的通行环境。

表 2-2　　　　　日本智能交通框架体系（1996 年）

序号	领域	内容
1	先进的导航系统	路线导航信息提供系统、目的地信息提供系统
2	不停车收费系统	电子自动收费
3	安全辅助驾驶	道路和驾驶信息提供、危险警告、辅助驾驶、自动驾驶
4	交通管理的优化	交通流优化、交通事故时交通管制信息提供
5	道路高效管理系统	管理水平提高、特许商用车辆管理、道路危险信息提供
6	公共交通支援系统	公共交通信息提供、公共交通运行管理
7	车辆运营管理系统	商用车辆运营管理、商用车辆自动跟车行驶
8	行人诱导系统	人行道线路诱导、行人危险预防
9	紧急车辆支援	紧急事件自动警报、紧急车辆诱导及救援行动支援

（三）同步推动铁路智能化发展

日本的智能交通体系框架总体结构偏向道路运输，但在实施过程中非常注重各运输方式的信息互联互通。同时，日本也非常强调智能铁路的发展早在2000年开始推动新一代铁路智能运输系统研究（Cyber Rail），力图构建一个通用的标准或体系框架实现不同铁路信息服务的统一，推动联程联运旅客辅助服务，以需求为导向构建铁路相关信息发布和交换的通用平台。在铁路智能化方面，日本主要是以企业为主体结合需求来推动智能化发展。如日本JR东铁路公司制定了《技术创新中长期规划》，通过智能化升级重点推动铁路安全保障、强化服务和营销、优化运用维护、注重能源和环境等。

（四）构建职能分工清晰的管理体制机制

在管理体制方面，日本与智能交通发展相关的部委主要包括内阁官房、内阁府、警察厅、总务省、经济产业省和国土交通省等六部委。其中警察厅的主要任务是推动智能交通管制和保障出行安全。总务省主要是提供通信频道和点播等相关技术及系统研发支撑。经济产业省主要负责推动智能交通相关产业的发展，近年来对自动驾驶产业化、自动驾驶标准及普及基础建设做了大量的工作。国土交通省主要工作任务是推动智能交通相关基础设施的建设。

二　日本智能交通发展的情况

（一）日本智能交通发展的主要特征

日本的智能交通发展经历一条与美国不尽相同的道路，其发展理念具有很大差别。日本的智能交通发展主要是以市场为引领，特点是研发阶段周期短，投入使用快。新的智能交通技术尽量去兼容原有的系统，在发展中不断改进原有系统，普通民众也能够马上享用智能交通的研发成果。

（二）日本智慧道路服务快速迭代演进

近年来，日本主要围绕车路协同开展研究，加强了无线通信技术在ITS领域的应用，并开展了交通对象协同式安全控制技术研究。VICS（Vehicle Information and Communication System）是日本智能交通最为成功的一套服务产品。日本于1995年开始在个别城市进行应用试验，1996年在东京地区开始服务，现已覆盖日本全国，截至2011年，装载VICS装置、接收VICS服务的日本汽车已经超过了3000万台，渗透率接近50%。目前，日本的ETC系统经过近20年发展，到2020年3月全国收费公路通行车辆的ETC使用率高达92.9%；日本还在2014年10月将"智能交通服务点服务"改为"ETC 2.0服务"，全面开启了ETC 2.0建设，在城际间道路和城市道路分别每隔10–15公里和

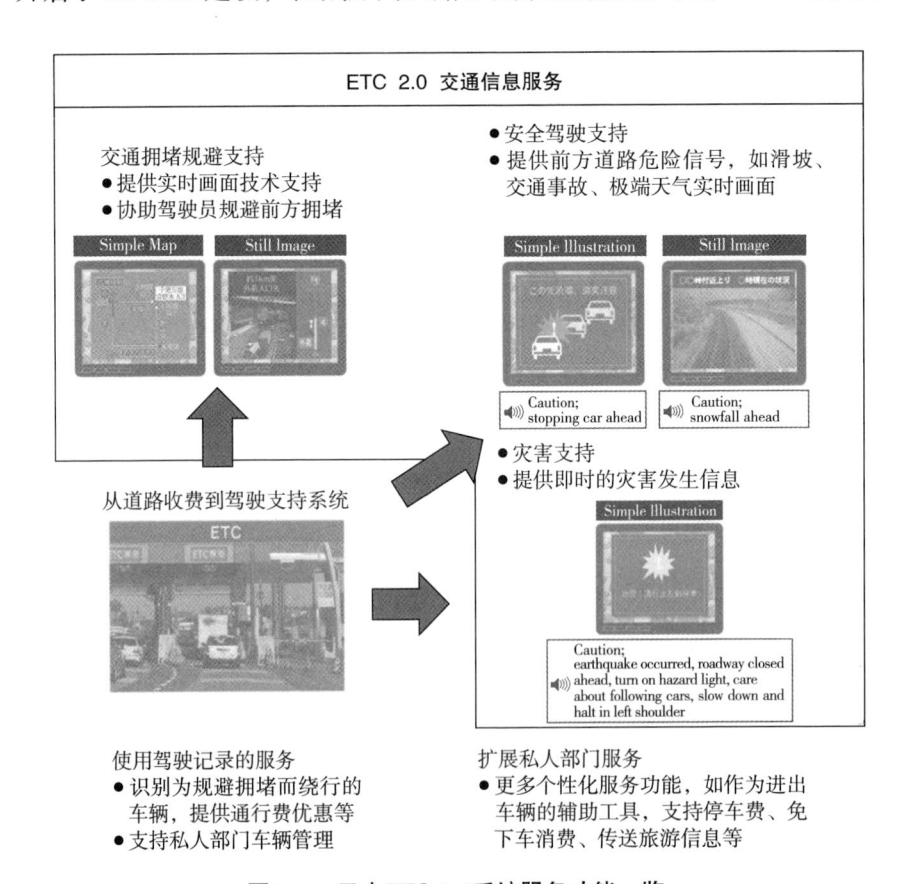

图2-1　日本ETC 2.0系统服务功能一览

4公里设置了ETC 2.0装置，实现收取通行费到提供综合驾驶服务的提升，通过车载ETC设备与路侧智能交通设施间的信息交互提供路况等信息，同时为规避拥堵区域的用户提供ETC通行优惠，提升了利用行驶路径信息的服务水平并丰富了第三方服务的内容。

表2-3 日本智能交通发展历程一览

年份	研发、法规及政策支持情况
1973—1978	日本成功地组织了"动态路径诱导系统"实验
1984	建设省主持开发路车间信息系统RACS（Road Automobile Communication System）
1986	研发车辆信息通信系统VICS（Vehicle Information and Communication System）
1987	开发先进的车辆交通通信与通信系统AMTICS
1994	成立VERTIS（车辆·道路·交通智能化推进协会）
1995	成立VICS（道路交通信息通信系统）中心
1996	正式启动VICS
2000	形成IT社会基本法
2001	颁布《形成IT社会基本法》出台《E-JAPAN战略》《E-JAPAN优先政策计划》
2004	开发智能公路Smartway项目
2010	将新一代智能交通车载装置投入市场，实现了导航、VICS、ETC、AHS等功能的集成
2014	启动ETC2.0服务
2017	启动老龄化严重的数十个农村地区开展L4自动驾驶车辆的应用服务和试点

资料来源：日本国土交通省。

（三）自动驾驶是日本智能交通发展的重点之一

日本不仅将自动驾驶作为其汽车产业国际竞争力的重要支撑，同时也将自动驾驶作为应对老龄化、少子化的重要措施。2017年6月，日本警察厅颁布了《远程自动驾驶系统道路测试许可处理基准》，将汽车的远程监控员定位为远程存在、承担道路交通法律法规责任的驾驶人，并且允许自动驾驶车辆在驾驶位无人的状态下进行上路测试。日本各政府部门在推动自动驾驶方面取得了较多成效。2017年起，经济产业省和国土交通省分别开始在老龄化严重的数十个农村地区开展L4自动驾驶车辆的应用服务和试点，以公路服务区为基点，面向周边辐射范围内众多老年居民，展开了固定线路自动驾驶服务的长期试点，为深度老龄社会的交通出行难题提供了急需的解决方案。2017年12月，软银公司在东京的部分区域使用L4自动驾驶公共汽车提供出行服务。2018年3月，日本在横滨由尼桑汽车使用L4自动驾驶技术提供出租汽车服务，计划2020年将这一服务扩展到全国。丰田汽车还计划在东京奥运会为观众提供自动驾驶的出租汽车。

图2-2 软银东京L4自动驾驶公共汽车

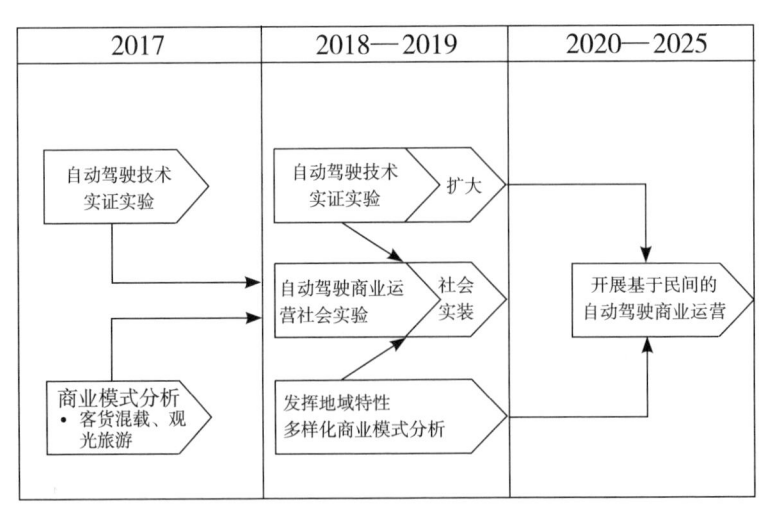

图2-3 日本自动驾驶发展路线图

日本主要采用5.8GHz作为路侧和车载节点通信的频点,在减少交通事故和提升交通效率方面起了很大的作用。与欧美不同,日本的车车通信起步较晚,目前已经把原无线广播电视用的700MHz部分频段也分配给车车通信专用,希望能达到更好的数据交互效果。

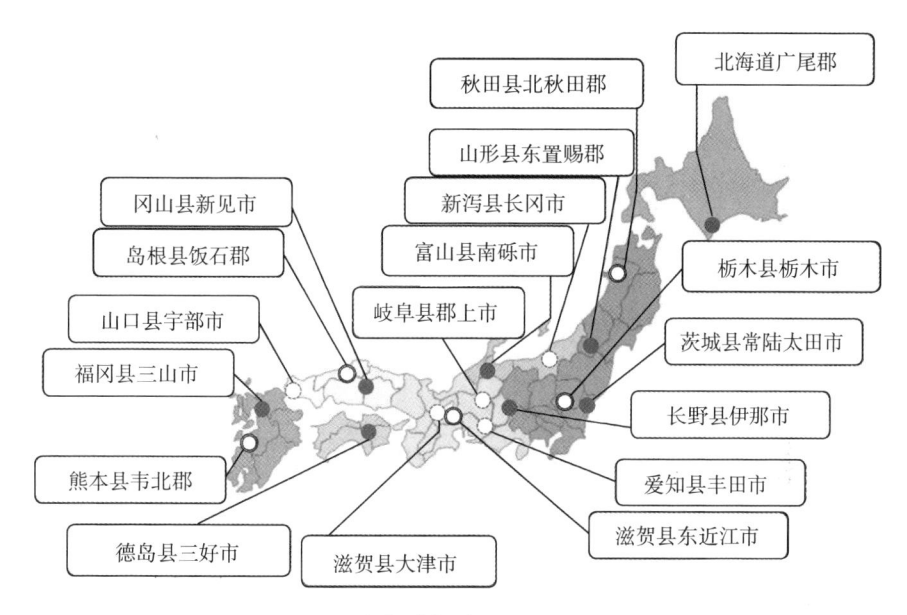

图2-4 日本自动驾驶实证实验场所位置

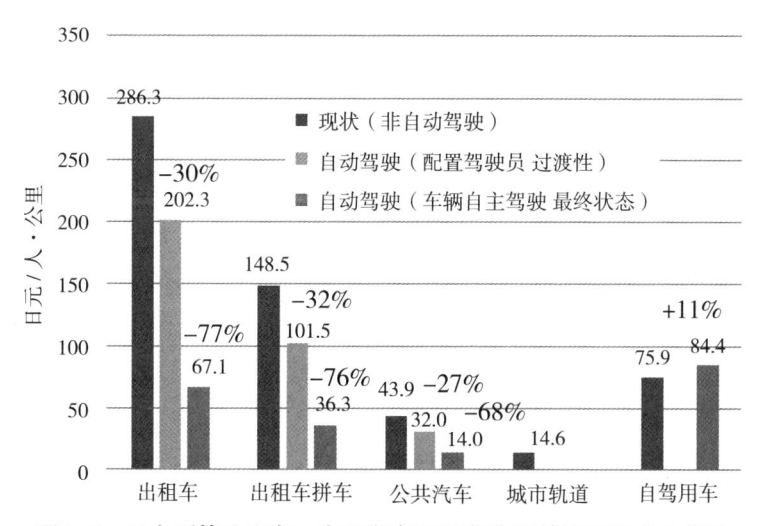

图2-5 日本测算公交车、出租汽车采用自动驾驶后运行成本情况

资料来源:日本运输综合研究所

（四）日本铁路智能化发展情况

在铁路方面，日本已经基本完成了铁路数字化的建设，实现铁路与其他交通运输方式的互联互通，并实现铁公、铁空等的联程联运。未来的 JR 东日本铁路的旅客服务系统可以提供客流和车辆设备信息，实时提供公交车、出租车等其他交通工具及气象等信息，为旅客提供个性化定制信息服务。逐步实现铁路系统"状态修"实用化，利用智能机器人和人工智能的辅助技术来提高铁路运营维护水平。同时逐步建立从发电到输变电和配电的全过程铁路能源管理网络平台，综合利用可再生能源和节能蓄能技术为铁路提供服务。

第三节 欧洲智能交通发展经验借鉴

一 欧洲推进智能交通发展的政策

（一）欧洲在欧盟的框架体系下推动智能交通发展

重视顶层设计和新技术研发，在关键领域通过大量资金引导产业发展，其中，车辆安全救援、自动驾驶等是其政策引导的重点方向。在机构设置上，欧洲主要是通过欧洲智能交通协会（ERTICO），用以促进欧盟与相关企业之间合作，来推动区域智能交通发展。该协会是一个公私合作的组织，其利益相关者包括：汽车和交通系统制造商、政府、公路经营者、电信运营商、用户和服务提供商等。ERTICO 支持各国之间的合作，为各成员国提供一个合作的平台，共同探讨国家 ITS 行动方案。欧洲国家众多，欧洲的智能交通研究更多是在欧盟的框架范围内展开。

表 2-4　　　　　　　　欧盟智能交通发展政策

时间	文件	内容
1996 年 7 月	《跨欧洲交通网络（TEN-T）开发指南》	采取一系列措施致力于通过交通信息促进信息社会发展，致力于开发跨国界的服务
1997 年	《欧盟道路交通信息行动计划》	提出交通信息服务、电子收费、交通数据互换与信息管理、人机接口和系统框架等 5 个关键有限发展领域

第二章 智能交通高质量发展的国际经验借鉴

续表

时间	文件	内容
2000 年	《电子欧洲行动计划》	提供了一系列欧盟的政策决策和各成员国及私有企业的行动计划
2001 年 9 月	《2001—2006 各年指示性计划》	加大实现跨欧交通网络的投资力度，实施道路交通 ITS 和大型基础设施项目、空中交通管理、伽利略卫星导航定位系统计划
2001 年	《欧洲 2010 交通政策：决策的时刻》	提出 ITS 一体化市场的建议，强调 ITS 将成为欧洲交通不可分割的一部分
2005 年	《启动 InteGRail（Intelligent Integration of Railway System）项目》	推动信息在欧盟各国的铁路系统中互联互通，实现铁路主要业务协同一致，为管理者提供决策支持
2010 年	CVIS	构建 7 个测试场，用来验证车路协同功能
2010 年	SAFESPOT	创造一个动态协同或网络，车和道路相互通信，分享驾驶中的信息，加强驾驶员对周边环境的感知能力
2016 年	《欧洲合作式智能交通系统战略》	推动车与车、车与路侧设施之间的"智能沟通"

（二）以合作式智能交通系统战略为抓手推动智能交通发展

2016 年，欧洲通过了《欧洲合作式智能交通系统战略》，计划在 2019 年在欧盟国家道路上大规模配置合作式智能交通系统，实现汽车与汽车之间、汽车与道路设施之间的智能化沟通，并在 2020 年底通过合作式智能交通系统战略的实施降低道路交通事故死亡率，实现在 2010 年到 2020 年将交通死亡总人数减少一半的目标。欧洲计划投资 1.8 亿欧元用于该战略项目实施，推动 2019 年在欧盟国家道路上大规模配置合作式智能交通系统，实现车与车、车与路侧设施之间的"智能沟通"，从而确保欧洲汽车产业在下一代汽车研发中处于领先地位。近期，欧盟共同利益重大项目（IPCEIs）战略论坛发布了《增强欧盟未来工业的战略价值链》报告，将清洁、网联、自动驾驶汽车（Clean, Connected and Autonomous Vehicles，CCAV）列入欧盟的关键战略价值链。

（三）车路协同是欧洲智能交通发展的重点领域

1998 年 4 月欧洲开始了代号为 KAREN（Keystone Architecture Required

for European Networks）项目，奠定了欧洲开发智能交通运输体系框架的基础。在政策的推动和引导下，2008年欧委会发布了欧洲ITS行动计划，2009年欧委会委托欧洲标准化机构CEN（欧洲标准化委员会），CENELEC（欧洲电工标准化委员会）和ETSI（欧洲电信标准化协会）制定一套欧盟层面统一的标准、规格和指南来支持合作性ITS体系的实施和部署。欧洲汽车通信协会C2C-CC组织于2015年起全面推广车路协同系统。2002—2015年期间，欧盟投资1.8亿欧元用于40个不同的合作系统研发项目。目前欧洲已经完成了CVIS和Safespot等一系列车路协同研究项目，也推出了由ETSI（European Telecommunications Standards Institute）通信标准组织设计的适用于欧洲道路环境的车路协同通信协议。欧盟标准化机构ETSI和CEN已经完成了车辆信息互联基本标准的制定。该标准将确保不同企业生产的交通工具之间能够相互沟通，并能与道路基础设施沟通。

表2-5　　欧洲合作式智能交通系统的应用集及定义

序号	类别	内容
1	主动式道路安全	辅助驾驶——合作感知
		辅助驾驶——道路风险预警
2	合作式交通效率	车辆速度管理
		合作式导航
3	合作式本地服务	基于位置服务
4	全球互联网服务	社区服务
		车载和路侧段软件和数据管理

表2-6　　清洁网联自动驾驶汽车重点布局

序号	内容
1	构建服务重型货运物流的可持续道路运输生态系统，包括车辆和道路基础设施的性能标准、发展车辆编队行驶等
2	注重典型场景下的先试先行，强调促进市政采用清洁和自动公交车等
3	数字基础设施赋能大数据分析和先进人工智能应用于网联和自动驾驶，包括开发并应用安全且具有成本效益的欧洲数字基础设施及后装设备，例如红绿灯通用接口、交通管理大数据
4	开发和部署网联自动驾驶通信和数据基础设施，在实际道路条件下大规模部署网联和自动驾驶

（四）欧洲高度重视铁路的互联互通和智能化发展

同时，欧洲也非常注重铁路领域的互联互通和智能化发展，将铁路纳入了智能交通一体化发展的领域。2005年，欧盟推动了 Inte GRail（Intelligent Integration of Railway Systems）项目，推动信息在欧盟各国的铁路系统中互联互通，实现铁路主要业务协同一致，为管理者提供决策支持。2011年，欧盟发布了《欧洲一体化运输发展路线图》白皮书，旨在将欧洲目前的运输系统发展为具有竞争力和高资源效率的运输系统，并同步制定了《Rail Route 2050》战略规划，推动形成一个有竞争力、高资源效率、面向智能化的2050年铁路系统发展蓝图。欧盟还出台了一系列战略规划：2013年提出了以市场为导向的Shift2Rail科技创新战略。目标是实现欧洲铁路互联互通运行，提升铁路竞争力，增强全球市场的领导力。Shift2Rail战略实施周期为2014—2020年，重点关注生命周期成本降低、路网容量增强、服务可靠性与准时性提高，最终实现欧洲铁路一体化。

欧洲各国根据自身情况提出了铁路数字化发展战略。法国于2015年提出了数字化法铁战略，通过加强工业互联网建设，构建联通列车、路网和站房三大区域网络。一方面实现对安全运输、生产效率、能源经济、工作质量等的追求；另一方面满足旅客对准点率和舒适度的需求。

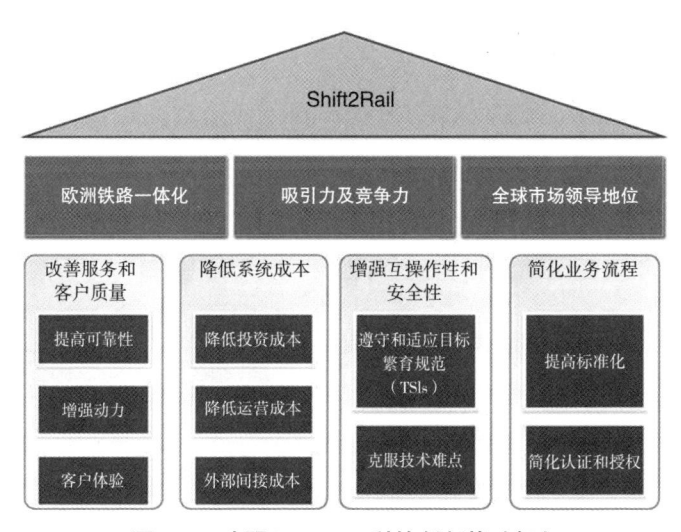

图2-7 欧盟Shift2Rail科技创新战略框架

德国铁路公司（简称德铁）与德国联邦交通部、德国铁路工业联合会于 2016 年联合签署合作协议"铁路数字化战略"（铁路 4.0）。逐步实现半自动化列车调度，提供下一代电子行程服务，强化列车移动互联网服务。在 2020 年底实现所有铁路建设项目应用建筑信息模型（BIM）。

英国于 2018 年公布了数字铁路战略等，将 BIM 技术应用、铁路基础设施建设自动化、电子行程服务、门到门旅客运输、列车自动驾驶、3D 打印、基础设施预测性维修、智能绿色动车组等列为关键任务。

二 欧洲智能交通发展的情况

（一）欧洲实现了 Telematics 的全面开发和应用

欧洲构建泛欧交通运输无线数据通信网，推进出行信息服务系统（ATIS）、先进的车辆控制系统（AVCS）、先进的商业车辆运行系统（ACVO）、先进的电子收费系统等系统研发和应用。部分欧洲国家也在发展交通信息高速公路（TIH）和视频信息高速公路（VIH）。

欧洲智能交通在国家交通控制中心、自动车辆定位系统、可变信息系统、智能停车系统、旅行信息高速公路建设和应用等方面取得了较多成果。目前欧洲还在推进 VIAJEO（交通规划数据和出行信息采集协调解决方案）、Instant Mobility（为未来互联网条件下为智能、高效、绿色发展提供凭条）、MOBiNET（互联网出行平台）、SATIE 项目（城市智能出行、智能廊道、智能区域等自主创新解决方案）、SmartCEM（智能电动出行）、ecoDriver（支持节能减排的驾驶方式）、UDRIVE（欧洲自然驾驶研究）。

（二）欧洲各国结合自身条件开展了多元化车联网应用

从各国情况来看，英国开展了复杂道路自动驾驶汽车的测试，在英国的乡村道路、高速公路等各种环境下进行实地测试，来测试不同交通和气候状况下的自动驾驶汽车的表现，同时还在实验室和专用测试路段开展前期验证工作。在城市交通领域，英国大力推广应用智能交通等，给驾驶者建议行车速度，以在下一个路口变成绿色时到达，通过更有效的驾驶来减少拥堵和汽车尾气。英国还重点推进了智能人行横道的发展，通过动态显示和根据人流量调整宽窄的"斑马线"，提升城市交通的行人安全水平。德国在2017年通过法律，对汽车厂商在德国进行自动驾驶汽车的路测做出了规定，从而为德国规模庞大的汽车制造业进行自动驾驶汽车测试打开了大门。奔驰、宝马等汽车厂商针对自动驾驶技术开展了一系列合作。同时，德国还高度重视商用车的自动驾驶应用，目前已经实现了自动驾驶卡车编组运行的试验，卡车编队从德国斯图加特自动驾驶开行至荷兰鹿特丹，行驶近600公里。芬兰和挪威联合开展协同式智能交通研发和应用，在跨越芬兰和挪威国家的欧洲E8公路上，部署车路协同设施，可实现车车通信、车路通信，并实施可互操作性的协同式智能交通技术应用，包括天气、路面情况、交通事故、实时交换等相关信息，并部署了基于路侧信息的车载制动系统，还可以对野生动物或其他道路障碍进行警示提醒。

（三）欧洲各国铁路智能化发展情况

在铁路智能化方面，德国铁路股份公司（德铁）广泛应用ETCS系统，推动既有路网通行能力提升了20%。德铁在部分路网上实现完全自动驾驶，大力应用最新的互联网技术进一步改进驾驶辅助系统Fassi 4.0的功能，率先在矿山铁路实现无人驾驶，开发能自动识别障碍和自动驾驶的干线机车，制造和测试首台样机，研发能自动驾驶的驼峰调车机，制造德国首列在市郊铁路上实现自动驾驶的列车。英国也在通过数字化的方式大力提升既有线路运力，推动ETCS（欧洲铁路控制系统）试验轨道开发和ETCS车辆、铁道信号系统改装。法国铁路也在城市郊区线路积极引入自动驾驶。

第四节　主要发达国家智能交通发展经验总结归纳

一　战略规划支撑中长期发展

美、日、欧等发达经济体在推进智能交通发展的过程中，高度重视战略规划作用，尤其是美国通过五年期的智能交通规划确立了发展方向，日本、欧洲也很早就拟定了智能交通发展的战略，并根据时代要求和技术进步不断调整发展规划，并通过一系列应用项目进行支持。日本早在20世纪90年代就由多个内阁省厅联合制定了《日本智能交通框架体系》，构建了全国智能交通发展的框架，并根据时代发展需求不断推出新的发展应用。欧洲由于区域国家众多，更多强调技术合作和标准互联互通、设施规格统一，推出了《合作式智能交通系统战略》，同时通过Shift2Rail项目来推动铁路互联互通，强化ETCS系统的推广应用，还将铁路纳入了智能交通一体化发展的领域。

二 强化政府性资金支持和引导

美、日、欧等发达经济体传统交通基础设施建设基本完善，重心已调整至提升既有交通设施的服务质量和水平。智能交通等新型基础设施是美国、日本、欧洲政府基础设施投资的重要方向。这些国家均加强了对未来智能交通发展的探索和对先进技术前瞻性的应用进行了投资，直接出资构建测试验证场地，资助智能交通试点示范建设，加强对公益性智能交通项目的资金支持，加强对营利性项目的前期资金引导工作。

三 加强体制机制保障措施

美、日、欧等发达经济体都通过设立专门的机构和完善协同协调机制来加强智能交通体制机制的支撑作用。美国交通部设立了ITS JPO（智能交通系统联合项目办公室）来统筹推动智能交通发展，促进智能交通设施开发和利用，充分吸收了社会机构、研究机构来参与智能交通建设和研究。日本则构建了包括内阁官房、内阁府、警察厅、总务省、经济产业省和国土交通省等六部委共同协调机制，管理体制机制非常清晰。欧洲则是在欧盟的框架下以智能交通为抓手推动各国交通运输网络和信息互联互通，重点加强了跨国间的政府和企业之间的合作。

四 加强分阶段场景化应用

美、日、欧等发达经济体非常重视智能交通应用场景设计，密切结合本地化实际需求。首先明确部署系统的应用场景、功能、系统要求，确定详细的系统应用集、标准及内容，然后再进行设施建设和服务部署。通过试点示范形成全国或全区域统一的实施标准和方案，再进行一体化的部署实施。同时，考虑先进技术应用和功能效果的不确定性，还制定了分阶段实施方案，政府重点在前期进行资金引导，在技术研发和场景优化方面进行大力支持，同时对具有显著成效的示范试点进行全面推广应用。

第三章
智能交通高质量发展的总体思路和顶层设计

在新发展格局、新发展理念下，智能交通在经济社会发展中的地位不断凸显，对交通运输全要素生产率提升功效逐步彰显，对综合交通运输统筹作用不断加强。系统考虑智能交通发展，明确智能交通发展的总体思路和发展导向，明确智能交通发展的顶层设计至关重要。

第一节 总体思路

以智能交通支撑交通运输现代化建设为统领，坚持顶层设计、战略牵引、重点突破，坚持创新引领、资源共享，精准高效对接经济社会发展需求和人民群众美好生活需要，将智能化发展全面贯穿于交通运输建设、运行、服务、监管等全链条各环节。

协同推动"应用系统＋组织平台＋信息网络＋融合发展＋综合保障"（"4+1+1+1+3"）的智能交通高质量发展体系，重点打造智能铁路、智慧公路、智能航运、智慧民航等4大应用系统（4应用系统），提升交通运输互联网平台组织能力（1平台），强化智慧信息网络发展（1网络），推动智能化与绿色化融合发展（1融合），强化"政策体系＋管理体制机制＋综合保障"3大支撑体系（3支撑），推动实现综合交通运输全领域的智能化。

以旅客便捷出行、货物高效运输为导向，聚焦出行体验、服务品质以及物流效率、管理效能等重点领域和关键环节，提升交通供给质量和服务水平，打造"设施+服务+网络"智能交通发展新格局（智能交通基础设施+智慧出行、智慧物流服务体系+智能综合交通运输管理）。形成适应数字经济的综合交通运输体系，打造交通强国、科技强国、网络强国建设的战略基石。

第二节 发展导向

一 推进市场主导与加强政府引导协调

发挥市场在资源配置中的决定性作用，调动市场主体积极性，推动可以产生稳定经济效益的投资项目由企业主导来完成。鼓励传统运输企业和互联网企业通过资本运作、技术合作、管理协作等形式开展全方位合作。加强顶层设计，完善体制机制，强化包容审慎监管，发挥政府投资的引领示范和杠杆作用。加强创新设施供给，重点关注智能交通的战略性发展方向和公共基础设施投资项目，补齐制约智能交通新业态发展的基础设施短板。促进创新制度供给，制定数据开放共享标准，明确行业服务规范，调整完善扶持政策和监管方式等，为"互联网+"新业态和智能交通的发展创造良好环境。

二 坚持技术研发与产业化标准化并重

强化技术创新能力，占据智能交通发展的国际制高点，引领智能交通发展的未来，深刻把握现代信息技术的发展趋势，适应智能交通发展的市场需求，加强交通关键核心技术研发，提升我国智能交通的自主创新能力。加强与装备制造、芯片、传感器、通信设备、地图导航、人工智能等诸多高新技术产业协同攻关。制定和完善涉及数据交换、人车路协同、电子支付、交通管理、信息安全等各方面的技术标准，着力加强标准的统一应用，推动智能交通产业化，广泛形成具有国际影响力的智能交通自主品牌。

三　促进"互联网+"交通新业态和智能交通融通并举

推动移动互联网等新技术快速融入交通运输领域，促进网络预约出租汽车、互联网分时租赁自行车、互联网停车、互联网汽车维修等新业态得到了快速兴起和发展。强化"互联网+"交通与智能交通的重合性、相通性，促进交通新业态的主体朝着智能交通领域不断推进。促进"互联网+"交通新业态和智能交通融通并举，加速推动智能交通系统的发展，更快地抢占国际制高点，最终实现我国交通运输在基础设施、技术装备、运营服务等各领域的现代化。

四　开放融合共享、促进全领域智能化发展

智能交通发展必须顺应科技革命和产业变革发展趋势，密切关注国内外智能交通前沿发展动态，推动新技术、新业态、新产业、新模式与交通运输领域融合。逐步实现跨领域、跨行业融合提升，以智能交通为媒介促进各类基础设施融合发展、引领经济社会高质量发展，进一步打通国内大循环，促进国际国内双循环。

第三节　顶层设计

智能交通体系框架是智能交通发展的顶层设计，是智能交通的体系化和规格化描述，确定了智能交通的系统构成，确定了功能模块以及允许模块间进行信息交互的协议和接口。

一　传统服务和管理导向型（2001年和2005年版智能交通体系框架）

（一）2001年版智能交通体系框架

我国在智能交通引入之初，便高度重视智能交通体系结构。从

1999年开始，国内智能交通领域一直不断完善和优化中国智能交通体系结构的方法研究、模式业态和应用推广。2001年，在广泛借鉴美国、日本、欧洲智能交通体系框架的基础上，结合我国智能交通发展的理论成果和实践经验，科技部联合其他部委及相关科研单位推出《中国智能交通系统体系框架》，实现了智能交通体系框架"从无到有"，对指导智能交通的应用发展起到了推进作用。

在《中国智能交通系统体系框架》中，智能交通系统是一个提供交通运输服务的系统，用户服务是智能交通的主线。智能交通的体系框架回答智能交通要提供服务类别、用户服务组织方式、服务提供方式、服务的主体和客体等一系列与用户服务相关的问题。用户服务是《中国智能交通系统体系框架》的重要组成部分，直接确立了智能交通的系统功能和服务主体、用户主体。其中，服务主体是指服务的提供者，用户主体是服务的客体，系统功能是指为完成用户服务必须具有的处理能力。智能交通体系框架包括了逻辑框架、物流框架和标准化框架。

表3-1 中国智能交通系统体系框架服务领域、用户服务和子服务（2001年版）

序号	类别	分项
1	交通管理	交通动态信息监测 交通执法 需求管理 交通事件管理 交通环境状况监测与控制 勤务管理 停车管理 非机动车、行人通行管理
2	电子收费	电子收费
3	交通信息服务	出行前信息服务 行驶中驾驶人信息服务 途中公共交通信息服务 途中出行者其他信息服务 路径诱导及导航 个性化信息服务
4	智能公路与安全辅助驾驶	智能公路与车辆信息收集 安全辅助驾驶 自动驾驶 车队自动运行
5	交通运输安全	紧急事件救援管理 运输安全管理 非机动车及行人安全管理 交叉口安全管理
6	运营管理	运政管理 公交规划 公交运营管理 长途客运营管理 轨道交通运营管理 出租车运营管理 一般货物运输管理 特种运输管理
7	综合运输	客货运联运管理 旅客联运服务 货物联运服务

（二）2005年版智能交通体系框架

2002年，我国正式启动"十五"科技攻关计划智能交通专项，其中一项便是《智能交通系统体系框架及支持系统开发》，由国家智能交通系统工程技术研究中心承担。我国于2005年完成了《中国智能交通系统体系框架》（第2版），其在规范化、系统化、实用化等方面取得了实质性的进展。智能交通体系架构确定了我国智能交通的总体需求，初步提出了我国智能交通的定义和总体体系结构、逻辑结构、探索了智能交通标准化发展的路线和领域，充分考虑了各种运输方式在该体系中的作用，界定了各运输方式和管理部门协调工作的方式，以及技术经济评价和项目评估的模式。

2005年版国家智能交通体系框架对最初版本进行了大幅扩展，结合智能交通发展的新形势和新问题，增加了用户服务领域和系统两块内容。前瞻性地提出了自动公路发展领域和应用系统，并且将智能公路与安全辅助驾驶进行了统筹考虑，不仅只关注于智能的车，也要同步构建智慧的路。国家智能交通体系框架高度关注电子收费领域，这也充分体现了我国当时智慧公路建设的工作重点——全面启动公路电子收费的技术研发和应用推广。

（三）国家智能交通体系框架落实中面临的问题

国家智能交通体系框架在智能交通发展中起到了一定作用，尤其是在公路电子收费和城市交通管理方面。但同时智能交通体系框架也存在着不具备强制性，仅对智能交通行业具有指导性，在落实的时候效果不是非常理想。同时，由于互联网时代技术革新变革较快，过去很多没有考虑到的业务业态和应用系统不断涌现，智能交通体系框架并未预留充分的扩展接口和空间，更新和修订也并未跟上步伐。同时，智能交通的内涵和外延也在不断扩展，融合化发展态势逐步显现，统一标准化的流程操作与以企业为主导的智能交通应用系统也存在诸多不适应性。

同时，传统服务和管理导向性的国家智能交通体系框架重点关注了公路和城市交通运输，在铁路、水路、民航等运输领域体现较少，更多的是通过客货运信息资源交互来体现"综合运输"理念。这也与智能交通发展初期（1990—2005年），我国综合交通运输体系发展仍处于初级阶段，铁路、水路、民航等发展相对独立，各运输领域信息化智能化体系并未打通，联程联运、多式联运发展也处于起步阶段有很大关系。

表3-2　　国家智能交通系统体系框架（2005年版）基本情况

序号	类别	子类别1	子类别2	子类别3	子类别4
1	用户服务	9个服务领域	43项服务	179项子服务	——
2	逻辑框架	10个功能领域	57项功能	101向子功能	406个过程
3	物流框架	10个系统	38个子系统	150个系统模块	51张物流框架流图
4	应用系统	58个应用系统	——		

表3-3　　国家智能交通系统体系框架（2005年版）服务领域、用户服务

领域	服务名称
交通管理与规划	交通法规监督与执行
	交通运输规划支持
	基础设施的维护管理
	交通控制
	需求管理
	紧急事件管理
电子收费	电子收费
出行者信息	出行前信息服务
	行驶中驾驶员信息服务
	途中公共交通信息服务
	个性化信息服务
	路径诱导及导航服务
车辆安全与辅助驾驶	视野的扩展
	纵向防撞
	横向防撞
	交叉口防撞

续表

领域	服务名称
车辆安全与辅助驾驶	安全状况（检测）
	碰撞前乘员保护
	自动车辆驾驶
紧急事件和安全	紧急情况的确认以及个人安全
	紧急车辆管理
	危险品及事故的通告
	公共出行安全
	易受伤害道路使用者的安全措施
	交汇处的安全服务
运营管理	公交规划
	车辆监视
	公交运营管理
	一般货物运输管理
	特种运输的管理
	提供旅客联运服务
	提供货物联运服务
综合运输	交换客货运信息资源
自动公路	自动公路

二 基于车路协同的智能交通系统体系框架（清华版车路协同体系框架）

智能车路协同代表着智能交通系统发展进入了一个高度信息化、智能化时期，不少智能交通的基本特征发生了一些根本性的变化，使得分立运行和单独实施的一些服务和应用可以在系统化的互联网大平台上相互融合。首先，在互联网、移动通信、大数据、人工智能等技术进步的条件下，交通运输信息的动态获取和实时交互已成为交通运输系统运行的基础。智能交通系统运行可控性和服务信息数据可获得性大幅增强，为统筹谋划智能交通体系奠定了基础。其次，对交通运输安全和效率的关注逐步上升，亟须通过技术手段来改变和缓和基础设施供给和需求不平衡的矛盾，提高路网运输效率，更好缓解拥堵，改善交通运输环境。再次，交通运输领域一直是新技术、新业态、新模式的应用重点领域，应用场景丰富，交通管理者和用户迫切需要解决一系列交通问题，也为车路协同的广泛应用创造良好的市场环境。

2005年版国家智能交通系统体系框架对应用系统、用户服务的划定，已经很难适应智能交通的发展新需求，迫切需要对既有用户服务进行重构，清华大学研究团队基于交通"安全""效率""环保"的基本需求，对智能车路协同环境下的交通领域进行了深度调整，提出了车辆安全与控制、行人及非机动车安全、信息服务、交通管理、运营管理、应急救援等六大领域。笔者作为清华大学研究团队的一员，也深度参与基于车路协同的智能交通体系框架的构建。

表3-4　基于车路协同的智能交通系统服务领域、用户服务和子服务

领域	服务名称	子服务名称
1.车辆安全与控制	1.视野扩展	1.视野范围的扩展 2.视野能见度的提高
	2.车车纵向防撞	3.追尾防撞 4.倒车防撞 5.正面/会车防撞
	3.车车横向防撞	6.变换车道时防止横向碰撞 7.车辆产生横向偏离时避免横向碰撞
	4.车辆交叉口防撞	8.交叉口车辆主动避撞 9.交叉口车辆危险行为预警
	5.车辆与非机动车行人防撞	10.车辆周边行人识别与预警 11.车辆周边非机动车识别与预警
	6.安装状况实时检测与防护	12.基础设施安全状态监控 13.驾驶员身心状态监控 14.车辆安全状况预警 15.邻近车辆安全状况预警 16.碰撞前乘员防护
	7.辅助车辆驾驶	17.车辆自动跟踪 18.车距保持 19.自动换道 20.自动定位停车
2.行人及非机动车安全	8.危险预警	21.车辆逼近报警 22.路况异常报警
	9.安全通行	23.交叉口行人安全通行 24.无障碍通行与自动引导 25.个人救援请求
3.信息服务	10.交通状态信息服务	26.车辆运行状态信息 27.路网交通状态信息 28.交通事件信息
	11.交通设施信息服务	29.停车场信息 30.道路工程施工信息 31.收费站信息 32.服务区信息 33.气象信息 34.交通法规信息 35.路边服务信息
	12.交通环境信息服务	36.出行规划服务信息 37.自主导航 38.动态路径诱导 39.混合模式路径诱导

续表

领域	服务名称	子服务名称
3. 信息服务	13. 路径诱导信息服务	40. 公共交通运行信息 41. 出租车预约服务信息 42. 公共交通调度信息 43. 换乘信息 44. 票价信息
	14. 公共交通信息服务	45. 公共服务设施信息 46. 公共服务预订 47. 旅游景点信息 48. 互联网接入信息
	15. 个性化信息服务	49. 提供交通规划所需的交通信息 50. 相关规划部门协调 51. 规划策略产生支持
	16. 交通规划信息服务	49. 提供交通规划所需的交通信息 50. 相关规划部门协调 51. 规划策略产生支持
4. 交通管理	17. 交通控制	52. 自适应交通信号控制 53. 行驶方向变换管理 54. 城际间集成控制 55. 交通控制与路线诱导的集成 56. 匝道和速度控制 57. 交通管理策略的实现 58. 基于行人、非机动车安全的信号控制
	18. 交通法规监督与执行	59. 出入控制法规执行 60. 停车法规执行 61. 限速法规执行 62. 信号法规
	19. 需求管理	63. 可达性控制管理 64. 拥挤价格管理 65. 停车管理
5. 运营管理	20. 交通运行过程监控	66. 交通拥堵状态监测 67. 交通事件检测
	21. 交通设施运维	68. 交通控制设备运维 69. 交通信息发布设备运维 70. 交通检测设备运维
	22. 公共交通管理	71. 公共交通需求管理 72. 公共基础设施的监视维护 73. 公交车辆的调度管理 74. 出租汽车运营管理
	23. 货物运输管理	75. 货运车辆的调度与诱导 76. 货运车辆的自动路线优选 77. 运输监测 78. 紧急事件自动通告
	24. 电子收费服务	79. 路桥隧不停车电子收费服务 80. 路桥隧停车自动收费服务 81. 停车场自动收费 82. 路侧停车自动收费 83. 公交电子自动收费 84. 有偿交通信息和服务使用电子交易
6. 应急救援	25. 紧急情况的确认	85. 紧急救援信号的发送 86. 紧急事件的自动识别 87. 救援请求的响应 88. 被盗车辆的识别 89. 紧急事件的通告
	26. 紧急车辆管理	90. 紧急车辆有限通行线路诱导 91. 通告紧急车辆的到来 92. 紧急车辆的调度与维护
	27. 危险品及事故的通告	93. 危险品运输信息公告 94. 危险品运输安全防护 95. 危险品运输紧急事件公告 96. 紧急事件救援 97. 紧急事件发生后的道路变更计划

调整后的用户服务划分为 6 个领域 27 个服务 97 个子服务。电子收费不再单独列为一级领域，而是作为交通运营管理的核心环节进行体

现。调整后的智能交通体系框架能够很好适应车路协同环境，对应用系统开发能够起到很好的指导作用。

三 "三系统二支撑一环境"体系框架（"智能交通实施方案"版体系框架）

根据智能交通发展新形势和国家"互联网+"行动总体工作部署，2016年，国家发改委、交通运输部印发《推进"互联网+"便捷交通 促进智能交通发展的实施方案》。《推进"互联网+"便捷交通 促进智能交通发展的实施方案》是国家第一次就智能交通（ITS）发布的总体框架和实施方案，该方案为我国智能交通的未来发展指明了方向，这同时标志着我国智能交通历经20多年的发展，即将迈入新阶段。笔者作为《推进"互联网+"便捷交通 智能交通发展的实施方案》起草单位——国家发改委综合运输研究所的核心团队成员，深度参与制订了智能交通实施方案。

《推进"互联网+"便捷交通 促进智能交通发展的实施方案》主要是根据互联网技术、产业与交通融合方面取得的进展，针对智能交通市场应用、基础条件、技术支撑、政策环境等方面仍然存在许多制约，适应新时代智能交通国家发展、培育新业态。重点促进交通与互联网深度融合，推动交通智能化发展，全面提升质量效率。《推进"互联网+"便捷交通 促进智能交通发展的实施方案》提出了构建"三系统二支撑一环境"的智能交通发展总体框架体系。"三系统二支撑一环境"智能交通体系框架是指："三系统"——智能运输服务系统、智能运行管理系统、智能决策支持系统；"二支撑"——智能交通基础设施、标准和技术；"一环境"——宽松有序发展环境。"三系统二支撑一环境"主要是以综合交通运输体系运作规律和架构界面来构建智能交通体系框架，每一个都与综合交通运输体系的构建密切相关，实现智能交通与综合交通运输体系的全面融合发展。

《推进"互联网+"便捷交通 促进智能交通发展的实施方案》在基础设施建设、产业发展、运行服务和技术应用等多个方面进行了完善部署，同时覆盖了公路、铁路、航空、水运、城市交通等诸多领域。该总体框架不仅对智能交通的开发和应用做出了安排，还特别注意推动智能交通前沿技术研发和对新兴战略产业支持，如新一代国家交通控制网、车路协同、智能汽车、列车自动运行、综合枢纽协同、高速宽带无线互联和高速无线局域网等。另外，该方案还综合考虑国家战略、区域条件、市场需求等因素，形成《"互联网+"便捷交通重点示范项目》，在基础设施、功能应用、线上线下对接、政企合作、新业态、典型城市等方面，形成27项重点示范项目，联合各大部委分期分批进行完成。

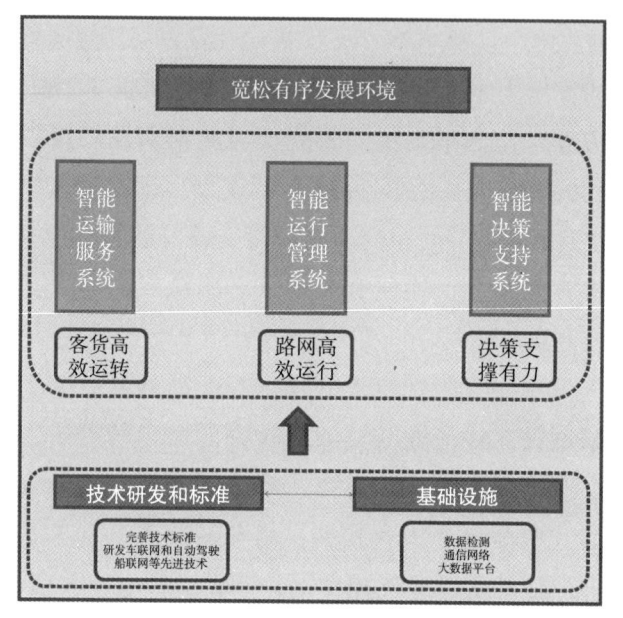

图3-1 "三系统二支撑一环境"智能交通体系架构

表3-5　　　　　智能交通系统"三系统二支撑一环境"体系架构

类别	序号	重点领域	主要内容
三系统	1	智能运输服务系统	打造"畅行中国"信息服务
	2		实现"一站式"票务支付
	3		推进高速公路不停车收费（ETC）
	4		推广北斗卫星导航系统
	5		推动运输企业与互联网企业融合发展
	6	智能运行管理系统	完善交通管理控制系统
	7		提升装备和载运工具自动化水平
	8		推进旅客联程联运和货物多式联运

续表

类别	序号	重点领域	主要内容
三系统	9	智能决策支持系统	建设安全监管应急救援系统
	10		完善决策管理支持系统
两支撑	11	加强智能交通基础设施支撑	建设先进感知监测系统
	12		构建下一代交通信息基础网络
	13		强化交通运输信息开放共享
	14	全面强化标准和技术支撑	制定完善技术标准
	15		积极研发和应用智能交通先进技术
	16		大力推动智能交通产业化
一环境	17	营造宽松有序发展环境	构建公平有序市场环境
	18		推动信用信息双向对接
	19		创新行业监管方式
	20		健全网络安全保障体系
	21		完善相关法律法规

四 "数据链"智能交通体系框架（数字交通纲要版体系框架）

交通运输部在2019年印发了《数字交通发展规划纲要》，提出以"数据链"为主线，以数据和信息流动为组织逻辑，从构建数字化的采集体系（信息采集）到网络化的传输体系（信息传输）直至智能化的应用体系（信息应用），推动交通运输信息化工作优化转型发展，推动交通运输向数字化、网联化、智能化发展，为交通强国建设提供有力支撑。

表3-6　　　　《数字交通发展规划纲要》智能交通体系架构

名称	主要内容
构建数字化的采集体系	推动交通基础设施全要素、全周期数字化
	布局重要节点的全方位交通感知网络
	推动载运工具、作业装备智能化
构建网络化的传输体系	交通运输基础设施与信息基础设施一体化建设，交通专网与"天网""公网"深度融合，部署应用车联网、5G、卫星通信信息网络等，完善全国高速公路通信信息网络

续表

名称	主要内容
构建智能化应用体系	打造数字化出行助手
	推动物流全程数字化
	推动行业治理现代化
培育产业生态体系	构建协同创新体系，加强测试、检测、认证综合能力建设，加快对地观测等技术行业应用，鼓励建立协同创新产业联盟
健全网络和数据安全体系	提高网络安全防护能力，推进重要信息系统国产密码应用，推进重要软硬件设备国产化应用，加强对交通数据全生命周期的管控
完善标准体系	推动信息基础设施与交通基础设施同步，持续完善交通运输信息化标准体系，构建自动驾驶国家及行业标准体系建设，推动建立跨界数字交通标准协同发展机制，参与国际标准制修订的协调、交流与合作
完善支撑保障体系	营造发展环境
	多渠道筹措资金
	促进创新应用

《数字交通发展规划纲要》提出了以数据为关键要素，强调数据信息的赋能作用，强化交通运输及关联产业能力，推动新模式、新业态、新产业、新服务等联动创新发展，全面优化客货服务品质，让数字红利惠及人民，提升人民的获得感、幸福感、安全感，对智能交通体系框架进行了创新延伸。

《数字交通发展规划纲要》主要按照信息流来进行打造体系框架。在国家层面统筹具有较大优势，但是在地方层面、项目层面落实会有部分障碍，还需要进一步细化的规划进行落实。如从智能交通行业以项目为导向来考虑，相当一部分应用系统是整合了数据信息采集、传输、应用的全要素全过程，单独考虑信息采集、传输、应用的某一过程并不完善，应更加强调以功能应用为导向，《数字交通发展规划纲要》需要分领域的实施方案进一步支撑。

第四章

智能交通高质量发展的应用体系和发展任务

全面统筹智能交通应用发展，打造智慧公路、智能铁路、智能航运、智慧民航，发展智慧枢纽，促进智慧出行和智慧物流服务，建设智能交通高质量发展的应用体系，支撑构建现代化交通运输体系。

第一节 打造智慧公路

一 智慧公路的概念和发展现状

（一）智慧公路的概念

智慧公路是以先进的信息通信技术为基础，提升公路安全水平和服务管理水平，创新基础设施结构和服务方式的新一代公路系统。智慧公路发展既是适应自动驾驶等新兴交通应用的前瞻性需要，也是提升既有公路服务和管理水平的迫切需求。本节所提到智慧公路不仅涵盖了公路，同时也包含了城市道路。智慧公路是重要的融合型新型基础设施。智慧公路发展有助于提高交通效率、节省资源、减少污染、降低事故发生率。智慧公路包括智能化的基础设施、车辆控制与服务系统、交通运行控制平台、智能和信息化设施等。

智慧公路与车路协同、智能汽车、智能网联汽车、车联网、自动驾驶（无人驾驶）等密切相关，智慧公路需要"车—路—网—云"全面协同打造。不同的机构和企业通常从自身的职能或业务出发，选择不同的概念来概括自己的系统。车路协同更多是以新一代信息通信手段为媒介，从车和路的协同关系来构建道路交通系统。智能网联汽车是从智能化、网联化的汽车视角来构建道路交通系统，车联网是从构建支撑智慧公路发展的网络系统来阐释。自动驾驶则是从车辆在道路上的运行状态和技术手段来考虑。

同时，自动驾驶又分为单车智能式的自动驾驶和基于车路协同的自动驾驶两条技术路线。发展智慧公路更多是从建设更智慧的路来支撑自动驾驶的发展，而以车企为主导的自动驾驶汽车研发，考虑到车辆可控性、网络覆盖、信息安全、事故责任，更多考虑从单车智能来发展自动驾驶。两者更高水平的融合有利于实现更高水平的自动驾驶。

总体来说，"智慧的车、智慧的路、智慧的网、智慧的云"四位一体才是智慧公路发展全貌。智慧公路不仅需要关注路的智能化升级改造，还要同步构建高效的信息通信网络系统，打造智慧的云服务平台和数据中心，承载智能化的车辆高效运行。

（二）智慧公路发展情况

1. 智慧公路建设方兴未艾

智慧公路是我国未来公路的重要发展方向，也是新型基础设施的重要形态。近年来，国家高度重视智慧公路以及自动驾驶、车路协同等关联产业的发展，各部委相继推出了一系列政策措施和重大项目试点示范，华为、百度、星云互联等互联网企业也跃跃欲试，不断加强技术储备，推进相关领域的国际合作。

关键基础设施支撑	基础设施智能化改造
前瞻性技术落地应用	路运一体化
战略性技术推广应用	北斗高精度定位应用
面向管理方服务	基于大数据的路网综合管理
面向公众服务	路网综合服务
构建新型路网体系	新一代国家交通控制网

图4-1 智慧公路建设重点方向

国家发改委相继印发了《推进"互联网+"便捷交通 促进智能交通发展的实施方案》《智能交通近期行动方案》《智能汽车创新发展战略》等指导文件，明确提出车用无线通信网络（LTE-V2X）等要实现区域覆盖，新一代车用无线通信网络（5G-V2X）在部分城市、高速公路逐步开展应用，同时还提出了开展基于主干公路网的汽车电子围栏示范工程、基于宽带移动互联网的智能汽车与智能交通应用示范工程、车辆电子标识示范工程。还对加强跨部门协调联动、跨领域协同，开展车路协同示范应用评价进行了指导，并要求统筹指挥公路、智能汽车、城市道路及附属设施智能化升级、网络信息基础设施发展，重点在 2020 年底前，构建车路协同统一应用标准体系。长江三角洲、粤港澳大湾区等重点区域试点高速公路路侧智能感知设施建设取得阶段性进展。2020 年，国家发改委办公厅、工业和信息化部办公厅还发布了《关于组织实施 2020 年新型基础设施建设工程（宽带网络和 5G 领域）的通知》，开展了 5G 智慧港口应用系统建设、基于 5G 的车路协同车联网大规模验证与应用试点建设。

专栏 4-1

《智能汽车创新发展战略》战略愿景

到 2025 年，中国标准智能汽车的技术创新、产业生态、基础设施、法规标准、产品监管和网络安全体系基本形成。实现有条件自动驾驶的智能汽车达到规模化生产，实现高度自动驾驶的智能汽车在特定环境下市场化应用。智能交通系统和智慧城市相关设施建设取得积极进展，车用无线通信网络（LTE-V2X）等实现区域覆盖，新一代车用无线通信网络（5G-V2X）在部分城市、高速公路逐步开展应用，高精度时空基准服务网络实现全覆盖。展望 2035 年到 2050 年，中国标准智能汽车体系全面建成、更加完善。安全、高效、绿色、文明的智能汽车强国愿景逐步实现，智能汽车充分满足人民日益增长的美好生活需要。

推进智能化道路基础设施规划建设。制定智能交通发展规划,建设智慧道路及新一代国家交通控制网。分阶段、分区域推进道路基础设施的信息化、智能化和标准化建设。结合5G商用部署,推动5G与车联网协同建设。统一通信接口和协议,推动道路基础设施、智能汽车、运营服务、交通安全管理系统、交通管理指挥系统等信息互联互通。

建设广泛覆盖的车用无线通信网络。开展车用无线通信专用频谱使用许可研究,快速推进车用无线通信网络建设。统筹公众移动通信网部署,在重点地区、重点路段建立新一代车用无线通信网络,提供超低时延、超高可靠、超大带宽的无线通信和边缘计算服务。在桥梁、隧道、停车场等交通设施部署窄带物联网,建立信息数据库和多维监控设施。

交通运输部相继印发了《智慧交通让出行更便捷行动方案(2017—2020年)》《数字交通发展规划纲要》,重点推进新一代国家交通控制网和智慧公路试点建设。目前交通运输部正在北京、河北、吉林、江苏、浙江、福建、江西、河南、广东等九省推进新一代国家交通控制网和智慧公路试点,目前各项试点工作正在有序开展。

表4-1 交通运输部新一代国家交通控制网和智慧公路试点情况

序号	试点主题	主要内容	试点省份
1	基础设施数字化	应用三维可测实景技术、高精度地图等,实现公路设施数字化采集、管理与应用,构建公路设施资产动态管理系统;选取桥梁、隧道、边坡等,建设基础设施智能监测传感网,实现交通基础设施安全状态综合感知、分析及预警功能	北京、河北、河南、浙江
2	路运一体化车路协同	基于高速公路路侧系统智能化升级和营运车辆路运一体化协同,利用5G或者拓展应用5.8GHz专用短程通信技术,提供极低时延宽带无线通信,探索路侧智能基站系统应用,选取有代表性的高速公路,以及北京冬奥会、雄安新区项目,开展车路信息交互、风险监测及预警、交通流监测分析等	北京、河北、广东

续表

序号	试点主题	主要内容	试点省份
3	北斗高精度定位综合应用	建设北斗高精度基础设施，实现北斗信号在示范路段（含隧道）的全覆盖，在灾害频发路段实施长期可靠的监测与预警；探索开展基于北斗高精度定位的高速公路通行费收费应用研究，强化技术储备。构建基于北斗的高速公路应急救援一体化管理系统，实现车辆人员的迅速定位与救援力量的动态调度和区域协同	江西、河北、广东
4	基于大数据的路网综合管理	构建基于大数据的高速公路运营与服务智能化管理决策平台，应用在区域路网综合信息采集、运营调度、收费、资产运维养护、公众信息服务、应急指挥。利用无人机等移动手段，提高运行监测和应急反应能力。利用新媒体、公众信息报告等渠道，实现互动式现场信息采集。开展智能养护、路政和路网事件巡查智能终端示范，融合互联网数据和行业相关数据开展路网运行监测系统建设	福建、河南、浙江、江西
5	"互联网+"路网综合服务	利用"互联网+"技术，探索基于车辆特征识别的不停车移动支付技术。开展基于移动互联网的服务区停车位和充电设施引导、预约等增值服务。探索开展高速公路动态充电示范，实现新能源汽车动/静态充电。开展低温条件下气象感知及预测，以及车路协同安全辅助服务等	吉林、广东
6	新一代国家交通控制网	建设面向城市公共交通及复杂交通环境的安全辅助驾驶、车路协同等技术应用的封闭测试区和开放测试区，形成新一代国家交通控制网实体原型系统和应用示范基地	江苏、浙江

智慧高速通常可以支持包括4G+5G、C-V2X在内的多模通信网，能够实现车辆、路侧单元、云端三者之间的高速低时延数据连接与数据传输，具备实时调度、管理网络以及保证网络安全的能力。智慧高速实现了"人车路网云一体化"，为智能网联驾驶、智慧交通乃至智慧城市的建设奠定了坚实的发展基础。

2018年11月，工信部明确规划了5905—5925MHz频段作为基于LTE-V2X技术的车联网（智能网联汽车）直连通信的工作频段，这是我国乃至国际智能网联汽车产业发展过程中具有里程碑意义的事件，将开启智能网联汽车新时代。目前，5.9GHz试验频率是基于LTE-V2X技术的车联网直连通信专用频率，对申请主体的资质和实力水平都有较高要求。2018年12月1日开放申请至今，在全国范围内，仅有广东省、海南省、天津市、长沙市等地少数几家单位获得相关许可。

浙江省为指导智慧高速公路项目设计和建设，省交通厅组织编制了《智慧高速公路建设指南（暂行）》，适用于新建、改（扩）建智慧高速公路建设，以及营运高速公路智慧化提升改造建设，强调了构建多网融合的通信系统。

表 4-2　　浙江省智慧高速公路车路协同应用场景和定位指标

应用场景	典型场景	通信方式	定位精度（m）
交通安全	紧急制动预警	V2V	≤ ±1.5
	合流点碰撞预警	V2V，V2I	≤ ±5
	路面异常预警	V2I	≤ ±5
交通效率	车速引导	V2I	≤ ±5
	前方拥堵预警	V2V，V2I	≤ ±5
	紧急车辆优先	V2V	≤ ±5

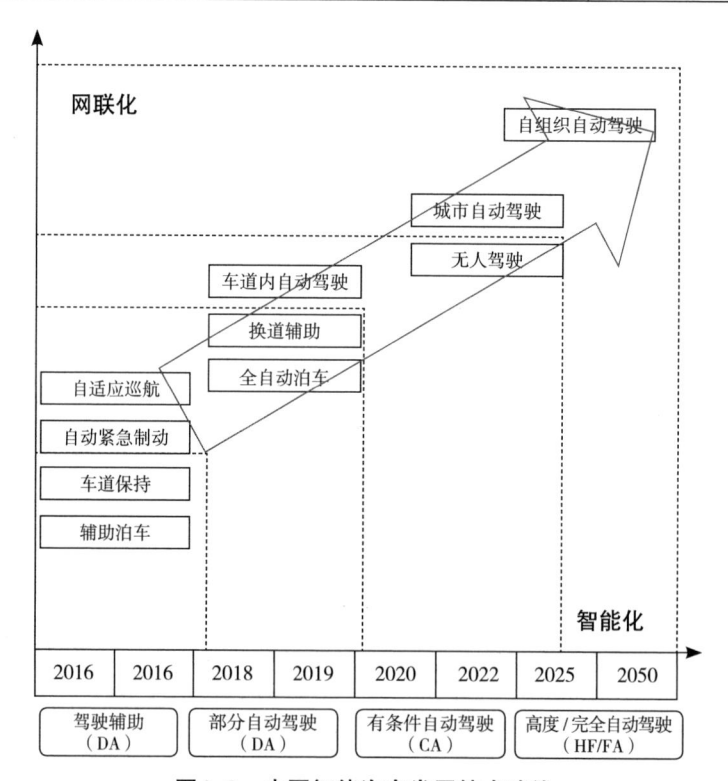

图4-2　中国智能汽车发展技术路线

表 4-3　　　　　　工业和信息化部智能网联（车联网）示范区

序号	地点	名称
1	无锡	国家智能交通综合测试基地（无锡）
2	上海	国家智能网联汽车（上海）试点示范区
3	杭州市西湖区和桐乡市	浙江智能汽车智慧交通应用示范区
4	长沙	国家智能网联汽车（长沙）测试区
5	武汉	武汉智能网联汽车示范区
6	北京亦庄经济技术开发区	国家智能汽车与智慧交通（京冀）示范区
7	长春	国家智能网联汽车应用（北方）示范区
8	广州	广州智能网联汽车与智慧交通应用示范区
9	重庆	智能汽车集成系统实验区（i-VISTA）
10	成都	中德合作智能网联汽车车联网（四川）试验基地

2. 自动驾驶汽车发展逐步走向应用

我国自动驾驶发展方兴未艾，大量城市都在推广应用自动驾驶技术，探索开展自动驾驶服务。2020年3月，长沙在湘江新区开展了Robotaxi自动驾驶出租汽车的服务，开放运营范围约130平方公里，行车路线覆盖长沙的居民区、商业休闲区及工业园区等实用生活场景。我国新建的湖南长益北线高速、浙江杭绍甬高速等均预留了自动驾驶公路扩展能力。长城汽车、北汽集团、长安汽车、广汽集团等国内传统车企陆续发布了自动驾驶汽车发展战略。国内各传统车企对于自动驾驶技术的预判相对统一，均对在2020年实现L3级别自动驾驶已达成基本共识，并预计将于2025年跨入L4级阶段。我国各地正在建立各类自动驾驶的应用示范区。在示范区的带动下，全国多个地区自动驾驶等相关路测政策落地，多个企业被颁发了自动驾驶路测牌照。至2019年6月底，我国已有13个城市发放了约109张自动驾驶路测牌照。

表4-4　　自动驾驶道路测试牌照发放情况（截至2019年5月）

序号	牌照首次发放时间	城市	主要企业	发放数量
1	2018年3月1日	上海	上汽、蔚来、宝马	7
2	2018年3月22日	北京	百度、蔚来、北汽新能源、小马智行、奔驰	59
3	2018年3月30日	平潭	百度、金龙客车、金旅客车	7
4	2018年4月17日	长春	一汽	3
5	2018年4月18日	重庆	一汽、东风、长安、广汽、吉利	12
6	2018年5月4日	深圳	腾讯	1
7	2018年9月14日	无锡	上汽、奥迪	2
8	2018年9月20日	杭州	阿里巴巴	2
9	2018年10月26日	长沙	酷哇、长沙智能驾驶研究院、湖南中车、百度	5
10	2018年11月30日	常州	智加科技	1
11	2018年12月24日	肇庆	AutoX	1
12	2018年12月24日	天津	百度、天津卡达克数据	3
13	2019年6月20日	广州	景骐科技、小马智行、深兰科技	6

同时，美国资本也在我国积极布局自动驾驶产业链，如2016年美国苹果公司对滴滴出行公司股权投资10亿美元，用于布局自动驾驶、车联网等产业，这是苹果公司成立40年来少有的非控股投资和首次对中国互联网公司投资，也是滴滴当时获得的最大单笔投资。

但是，我国自动驾驶发展存在着一些问题。如自动驾驶产业发展缺乏统筹协同和联动，多为地方层面自主发展。政策法律规章仍不健全，自动驾驶车辆在开放道路行驶测试仍存在诸多制约。同时，国内企业做自动驾驶汽车，大致都选择的是以低技术门槛进入，重点着手于软件，但与美国、日本等发达国家比较，自动驾驶硬件方面的短板非常明显，我国的自动驾驶车辆通常采用国外先进的传感装置作为开发基础。虽然我国集成国内外技术能够很快见到成效，但是在硬件方面有可能存在长期制约。

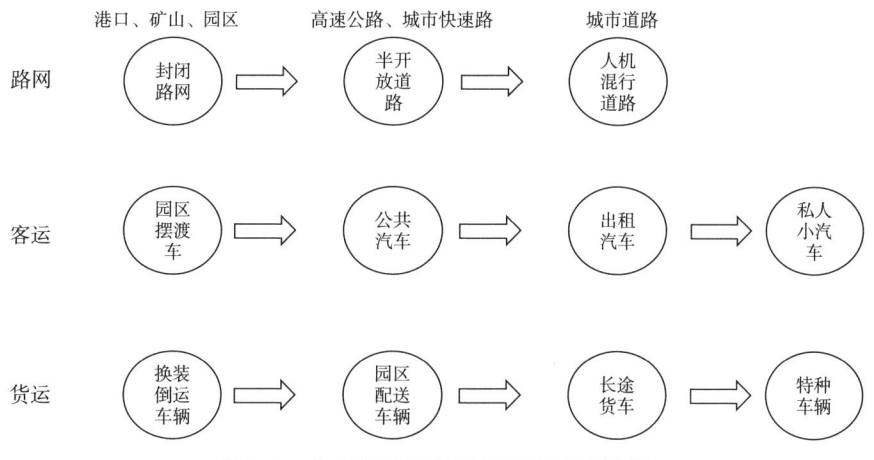

图4-3 自动驾驶发展应用场景演进判断

路网：封闭路网（港口、矿山、园区）→ 半开放道路（高速公路、城市快速路）→ 人机混行道路（城市道路）

客运：园区摆渡车 → 公共汽车 → 出租汽车 → 私人小汽车

货运：换装倒运车辆 → 园区配送车辆 → 长途货车 → 特种车辆

专栏 4-2

行业领域专家对自动驾驶发展前景的研判

中国工程院院士邬贺铨：车联网是 5G 主要的应用之一，5G 为车联网而生。4G 的延时 100 毫秒，5G 加上边缘计算只有 0.1 毫秒，车联网可以实时快速响应。仅仅有车上装雷达是没有用的，只有 5G 才能让自动驾驶真正实现。

国家智能交通系统工程技术研究中心首席科学家王笑京："自动驾驶"研发和应用将是"长征"，因为自动驾驶从 1936 年就出现了，到今天发展到 L3，已经有应用了，但距离高度的自动驾驶，能大规模应用的自动驾驶还有待时日，国外专家对此比较好的估计是 2035 年，但是这些年行业变化谁也不知道。

中国智能网联汽车产业创新联盟专家委员会主任、清华大学教授李克强：智能技术和网联技术的有机结合，使汽车的开发模式和使用模式发生了改变，未来的整个生态也会随之改变。5G、大数据、云计算等技术的飞速发展，让跨界协同成为必然，也融入汽车产业的变革中。

2020年3月，工信部还颁布了《汽车驾驶自动化分级（报批稿）》，这也是我国初步确立的自动驾驶分级标准。该标准拟于2021年1月1日开始实施，这也是我国自动驾驶迎来的政策性引导与保障。该标准主要参考SAE标准0-5级的分级框架，对每个具体的驾驶自动化功能分级结果基本是一致的，仅有少部分依照国情进行调整。主要体现在：（1）SAE标准下将AEB等安全辅助功能和非驾驶自动化功能都放在0级，称为无驾驶自动化，中国版标准则叫作应急辅助，驾驶员能够掌握驾驶权，系统可感知环境，并提供报警、辅助或短暂介入驾驶，作为一个安全的基础分支，和非驾驶自动化功能分开。（2）中国版标准针对0-2级自动驾驶，规定的是"目标和事件探测与响应"由驾驶员及系统协作完成，而在SAE标准下，L0级至L2级自动驾驶汽车的OEDR（目标和事件检测，以及决策任务）全部由人类驾驶员完成。（3）中国版标准在3级中明确增加对驾驶员接管能力监测和风险减缓策略的要求，明确最低安全要求，减少实际应用的安全风险。

表4-5　　　　　　　　我国自动驾驶分级分类（报批稿）

等级分类	描述	动态驾驶任务接管
0级驾驶自动化（应急辅助）	驾驶自动化系统不能持续执行动态驾驶任务中的车辆横向或纵向运动控制，但具备持续执行动态驾驶任务中的部分目标和事件探测与响应的能力	驾驶员
1级驾驶自动化（部分驾驶辅助）	驾驶自动化系统在其设计运行条件内持续地执行动态驾驶任务中的车辆横向或纵向运动控制，且具备与所执行的车辆横向或纵向运动控制相适应的部分目标和事件探测与响应的能力	驾驶员
2级驾驶自动化（组合驾驶辅助）	驾驶自动化系统在其设计运行条件内持续地执行动态驾驶任务中的车辆横向和纵向运动控制，且具备与所执行的车辆横向和纵向运动控制相适应的部分目标和事件探测与响应的能力	驾驶员
3级驾驶自动化（有条件自动驾驶）	驾驶自动化系统在其设计运行条件内持续地执行全部动态驾驶任务	动态驾驶任务接管用户（接管后成为驾驶员）
4级驾驶自动化（高度自动驾驶）	驾驶自动化系统在其设计运行条件内持续地执行全部动态驾驶任务和执行动态驾驶任务接管	系统
5级驾驶自动化（完全自动驾驶）	驾驶自动化系统在任何可行驶条件下持续地执行全部动态驾驶任务和执行动态驾驶任务接管	系统

3. ETC推广应用和取消省界收费站取得显著成效

ETC（电子不停车收费）系统是智慧公路的重要组成部分，也是世界范围内智慧公路最成熟、效果最好的应用。我国近年来在推进ETC（电子不停车收费）推广发行，取消高速公路省界收费站取得了重要进展，有利于全面提升我国高速公路运行效率，降低公路排放水平。按照国务院决策部署，交通运输部、国家发改委等部门指导全国各地多措并举，大力推动ETC发行工作，成效显著。

截至2020年1月，全国ETC客户累计达到了2.04亿，比去年同期净增了1.23亿，增长了152%，相当于10多年的总量。全国高速公路ETC平均使用率超过了71%，同比增长了28个百分点，全国建设完成了24588套ETC门架系统，改造完成了48211条ETC车道、11401套高速公路不停车称重检测系统，通行效率明显提高。在全网运行情况下，ETC由原来分省发行、分省管理的模式，变成全网运行模式，并通过全国性通用服务平台，为公众提供全天候、多方位、高效能的优质服务。

表4-6　全国高速公路ETC累计发行情况统计（截至2019年12月18日）

序号	省份	发行总目标（万）	累计发行量（万）	完成（%）	排名	入口	排名	出口	排名
/	全国	19085.56	19223.44	100.72	/	71.3	/	71.21	/
1	江西	452.7	524.32	115.82	1	71.26	13	71.2	14
2	广东	1760.34	1881.69	106.89	2	73.71	10	72.63	12
3	江苏	1470.06	1567.19	106.61	3	79.07	3	80.59	2
4	安徽	687.25	732.32	106.56	4	65.08	20	64.52	20
5	辽宁	638.01	674.88	105.78	5	75.07	8	72.96	10
6	贵州	407.44	425.66	104.47	6	59.43	25	72.91	11
7	浙江	1259.03	1305.99	103.73	7	74.96	9	74.71	6
8	福建	514.07	532.06	103.5	8	85.97	1	82.12	1
9	湖南	656.75	678.66	103.34	9	72.31	11	71.89	13
10	云南	560.5	578.76	103.26	10	69.03	16	73.05	9
11	湖北	648.16	667.95	103.05	11	76.27	7	76.68	5

续表

序号	省份	发行总目标（万）	累计发行情况			高速公路客车ETC使用率(%)			
			累计发行量（万）	完成（%）	排名	入口	排名	出口	排名
12	山东	1724.3	1769.67	102.63	12	71.5	12	67.9	18
13	北京	467.99	479.85	102.54	13	64.85	21	65.74	19
14	山西	509.1	519.68	102.08	14	70.13	15	68	17
15	青海	89.69	91.3	101.79	15	79.19	2	73.35	8
16	重庆	353.48	358.66	101.47	16	67.59	19	68.47	16
17	新疆	317.49	314.8	99.15	17	67.84	18	62.28	23
18	河北	1255.99	1245.04	99.13	18	59.31	26	61.93	24
19	河南	1210.82	1190.01	98.28	19	77.2	6	74.37	7
20	山西	531.11	521.71	98.23	20	49.57	28	55.87	27
21	甘肃	257.76	252.75	98.06	21	68.74	17	59.71	26
22	四川	914.06	881.63	96.45	22	77.78	5	77.06	3
23	上海	327.35	302.73	92.48	23	59.93	24	60.44	25
24	天津	241.23	221.42	91.79	24	71.1	14	70.64	15
25	内蒙古	426.5	364.59	85.48	25	48.36	29	54.33	28
26	宁夏	117.11	98.99	84.53	26	57.07	27	63.1	22
27	广西	487.59	411.48	84.39	27	78.06	4	76.72	4
28	吉林	340.14	285.26	83.86	28	61.41	22	45.56	29
29	黑龙江	385.93	316.83	82.09	29	60.41	23	64.02	21
30	海南	53.03	23.56	44.43	30	/	/	/	/
31	西藏	20.58	3.98	19.34	31	/	/	/	/

数据来源：交通运输部。

同时，我国取消高速公路省界收费站工程并网切换也如期进行。从2020年1月1日零时起，全国29个联网省份的487个省界收费站全部取消，在1年内完成了2019年《政府工作报告》提出的"2年内基本取消高速公路省界收费站任务"并"力争提前"的目标。

专栏4-3

国务院办公厅《深化收费公路制度改革取消高速公路省界收费站实施方案》

深化收费公路制度改革，提高综合交通运输网络效率，降低物流成本，两年内基本取消全国高速公路省界收费站，实现不停车快捷收费。按照"远近结合、统筹谋划，科学设计、有序推进，安全稳定、提效降费"的原则，明确技术路线，加快工程建设，力争2019年底前基本取消全国高速公路省界收费站，提升人民群众的获得感、幸福感、安全感。

制定印发加快推进高速公路电子不停车快捷收费应用服务实施方案。拓展服务功能，鼓励ETC在停车场等涉车场所应用。加快现有车辆免费安装ETC车载装置。组织发行单位开展互联网发行、预约安装、上门安装等服务。依托商业银行网点以及汽车主机厂、4S店、高速公路服务区和收费站出入口广场等车辆集中场所，增加安装网点，方便公众就近便捷免费安装。组织基层政府及相关部门，深入居民小区和村镇，开展宣传和安装服务，2019年底前各省（区、市）高速公路入口车辆使用ETC比例达到90%以上，同时实现手机移动支付在人工收费车道全覆盖。完善结算系统，提供便捷高效服务。推动汽车预置安装。2019年底前完成ETC车载装置技术标准制定工作，从2020年7月1日起，新申请批准的车型应在选装配置中增加ETC车载装置。升级优化ETC车载装置，研究推动ETC与新技术融合发展。实现机动车注册登记信息共享，便利车辆安装ETC车载装置。

未来，我国将深化ETC技术拓展应用，优化货车不停车快捷通行，继续推广高速公路差异化收费，优化落实"绿色通道"等政策；推动交通一卡通"全国通用"与便捷应用，探索基于北斗的自由流收费系统，开展ETC智慧停车城市创建活动，推广应用汽车维修电子健康档案系统；研究探索ETC自由流收费技术应用，利用既有ETC门架设施，拓展ETC服务功能。

二 智慧公路发展思路

（一）统筹国际合作和自主研发，增强国际竞争力

加强围绕研发链的国际合作，鼓励兼并收购国外先进技术企业，倡导以合资方式与国际主流厂商、研究院所进行前沿技术合作研发，在创新资源富集的国家地区设立研究机构。推动国内优势产能强强联合，加大自主研发投入，打造具有核心竞争力的国际龙头企业。全力在传感器、车载操作系统、V2X通信芯片、厘米级卫星导航系统等核心技术领域取得突破。力争主导或积极参与自动驾驶车辆、基础设施、信息通信等国际标准制定，争取国际产业竞争领先地位。

（二）完善政策法规，重视创新服务环境营造

营造开放高效的产业生态和发展环境，充分发挥市场在自动驾驶产业研发推进中的主体作用，有效发挥政府在起步发展及跃升迈进中的助推作用。加强政策支持，强化政策性引导资金投入。明确市场预期，避免"禁止、准入"政策反复和矛盾，防止低水平恶性竞争。完善知识产权体系，降低维权成本，提升纠纷解决效率。鼓励我国自动驾驶相关企业为研发成果申请美国等发达国家发明专利，参与世界范围的技术和产业联盟。吸引社会资本投入自动驾驶研发和应用，鼓励国外厂商与我国进行合作研发和试验。建立自动驾驶车辆技术等级评价制度和功能验证体系，优化上路测试许可证制度。建设统一开放道路区域公共测试验证运行平台。规范自动驾驶测试车辆管理，消除安全隐患。

（三）将智慧公路建设上升至战略高度

坚持公路领域创新驱动发展导向，全面加强科技革命和产业变革成果在公路领域的应用，瞄准智慧公路、车联网、自动驾驶等未来公路发展方向，结合新技术、新材料和新能源发展趋势，顺应跨行业跨领域融合发展的趋势，在国家层面，推动交通运输、网络信息、汽车

制造等产业融合创新发展，制定智慧公路发展战略，将智慧公路打造为科技强国、网络强国、交通强国、制造强国等社会主义现代化强国的新名片。全面应用人工智能、5G、物联网等技术，结合自动驾驶和智能网联汽车发展趋势，打造"智慧的公路"、承载"智能的汽车"。

> **专栏4-4**
>
> **湖南长益北线高速智慧高速建设情况**
>
> 2020年8月开通的湖南长益北线高速智慧高速分为标准段、测试段和示范段。标准段全线93公里满足网联辅助驾驶和高速公路运营监管需求，匝道每个节点部署智能路侧系统，包括一套视觉感知设备、一套V2X通信设备、一套边缘计算单元。测试段从观音岩至乌山互通，满足车路协同自动驾驶车辆测试、网联辅助驾驶、高速公路运营监管需求，测试段高密度覆盖智能路侧系统，每150米部署一处边缘感知，每450米部署一套边缘计算单元。示范段从梅溪湖隧道南出口到学士路收费站共计3.5公里，满足网联辅助驾驶、高级别高速公路监管需求。
>
> 湖南长益北线高速智慧高速构建了云控平台，可以实现智能汽车的云控数据交互，能够支撑智能汽车高速公路运行。它可以服务长益复线高速公路路网监测，基于高精地图做到车道级的车辆运营状态监控；能够进行路网态势感知，融合互联网出行数据和道路实施监控数据，预判道路交通流态势，预知高速出行流量；还可以基于前端边缘计算单元的AI感知能力，实现高速公路事件AI发布和推送。

（四）全面智能化改造既有道路网络

推动移动通信网络演进升级与交通运输应用优化融合。结合5G基站和核心网络部署，拓展独立组网（SA）模式应用，推动车联网（V2X）

在高速公路和城市主要道路布局，全面提升车联网用户渗透率，拓展路网运行主动安全和出行引导功能，构建车路协同产业生态体系。构建全时空交通信息采集系统，全面建设公路物联网，实现对公路透彻全面、实时准确的感知，掌握每段路、每辆车和每个构件的运行状况，并通过边缘计算精准预测未来状态。拓展高速公路对关联领域和业态的带动作用。完善国家高速公路信息通信系统等骨干通信网络，探索利用高速公路既有 ETC 设施，拓展通行费支付功能外的其他功能，探索自由流收费体系。构建车路间高效信息交互体系。统筹公路、城市道路及附属设施智能化升级，加强交通基础设施与网络信息新型基础设施融合发展。

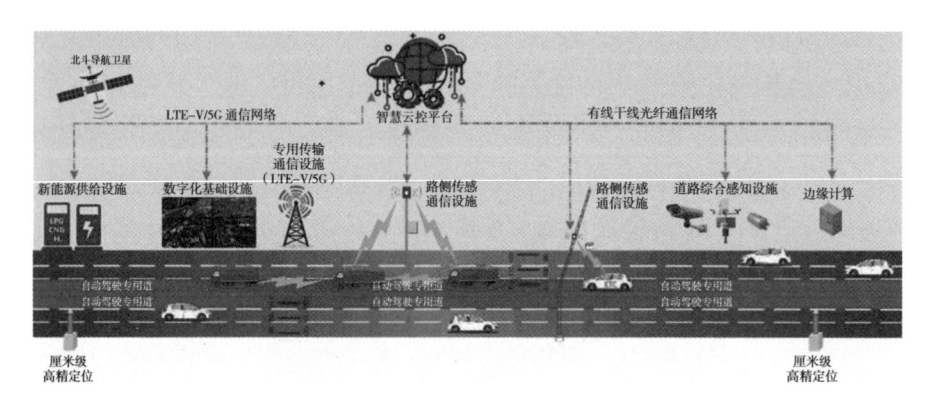

图4-4 智慧高速公路项目建设示意图

（五）前瞻性推动下一代公路网发展

构建公路领域新型基础设施，面向公路现代化发展要求，推进超级公路的建设，适当修改和拓展公路技术标准，前瞻性推动下一代公路网发展。研究构建基于车路协同的高水平无人驾驶公路，推动构建新一代国家交通控制网实体样板和应用示范，为规划新建高速公路预留高等级自动驾驶车道。推进 ETC+X 扩展应用发展。研究建设专用货运公路，按重载要求提升公路承载等级，避免公路客货交叉混行造成的安全隐患，提升货运车辆运行速度，有效应对重载车辆对公路路面的常态化损毁，构建路面状况实施检测系统。

专栏 4-5

杭绍甬智慧高速公路

杭绍甬高速公路目标打造"三网合一"的智慧高速公路基础设施。杭绍甬高速公路建设期充分为智慧设施设备建设预留土建接口；设置自动驾驶专用车道，支持空间分割、时间分割的自动驾驶动态管控；沿线部署高速率、低时延、高可靠的全覆盖无线通信网络；加强泛在综合感知设施装备的布设，满足车路协同式自动驾驶需求；实现高精定位和高精地图服务；服务区建设太阳能产能系统，部署电动汽车充电桩。

杭绍甬高速公路建设智慧高速云控平台。支持具备车载控制功能的车辆实现控制环境下的自主运行、支持具备信息诱导的人驾驶车辆高效运行、支持自动驾驶车辆在队列控制和自由行驶功能间的自如切换。近期支持杭绍甬高速公路管理、服务和管控；中远期实现杭州湾大湾区乃至全域高速公路网管理、服务和管控。

探索打造高限速公路网，全面提升公路网络运行速度，创新型公路运营模式。构建物流枢纽全流程自动化集疏运体系，探索建设港口、铁路货运站等重点物流枢纽、场站间高效集疏运的专用自动驾驶货运公路，支持集装箱卡车、自动引导车等货运车辆钟摆式运行，构建"泊位（装卸点）—堆场（货场）—仓库—配送点"全链条无人化集疏运体系。探索利用机器人进行公路建设施工和保养维护，实现公路建设危险工作、重复工作、简单工作等的机器人替代，降低公路建设成本、减少施工人员伤亡。

表 4-7　　　　　　主要国家或地区高速公路限速情况

序号	高速公路限速（公里/小时）	国家或地区
1	不限速	德国部分高速公路
2	150	意大利
3	130	法国、瑞士、奥地利、德国部分高速公路等

续表

序号	高速公路限速（公里/小时）	国家或地区
4	120	比利时、西班牙、美国、加拿大等
5	110	英国、捷克、中国台湾、中国香港等
6	100	日本、希腊、丹麦、荷兰、匈牙利等
7	90	罗马尼亚、土耳其、挪威等
8	80	印度

第二节 智能铁路

一 智能铁路的概念和发展现状

（一）智能铁路概念

智能铁路是广泛运用现代信息网络技术，综合高效利用要素资源，实现铁路建设、运输全过程的高度信息化、自动化、自助化，运输组织更加协调有序，运输服务更加便捷高效，实现全生命周期一体化管理的新一代铁路系统。在我国智能铁路可以有以下划分方法，分别是：（1）货运智能化和客运智能化。（2）既有铁路的智能化改造和新型智能化轨道交通设施的建设。（3）车务，机务，工务，电务，车辆的智能化。（4）智能化运输组织、客货营销和经营管理。（5）普速铁路的智能化和高速铁路的智能化（智能高铁）。其中智能高铁目前已经明确由"一核三翼"（即以智能高铁大脑平台为核心，涵盖智能建造、智能装备、智能运营三部分）组成。

总体来看，铁路领域信息化智能化水平相对较高，尤其在铁路运行控制、行车组织方面都处于世界前列。智能铁路发展需要重点提升面向客货运输用户的服务水平，强化与综合交通运输服务体系的互联互通，推动铁路与城市交通的融合一体。本节仅就智慧铁路枢纽、新型轨道交通系统、铁路互联网平台等智能铁路发展重点领域进行探讨。

图4-5　京张高铁开通运营

专栏4-6

京张高铁打造智能高铁先锋

京张高铁被誉为我国第一条真正意义上的智能高铁。京张高铁是2022年冬奥会的重点配套工程。京张高铁的智能主要体现在智能建造、智能装备和智能运营。

在智能建造方面，世界上第一条最高设计时速350公里/小时的高寒、大风沙高速铁路，对设计建造要求较高。京张高铁推进以BIM和GIS技术为支撑的智能建造，实现铁路工程建设过程的精益、智慧、高效、绿色协同发展，构建全生命周期一体化的智能铁路设施。京张高铁是首次全线采用智能技术建造的。从设计蓝图到建成运营，在整个生命周期，信息全记录，通过数字化管理，实现到精细施工。

在智能装备方面，京张高铁采用的动车组将是"复兴号"的智能型升级版，以现有"复兴号"CR400BF型动车组为基础。京张高铁是世界上第一条采用北斗卫星导航系统并实现自动驾驶功能的高铁，停准误差在10厘米之内，节电约15%，可以实现350公里时速的有人值守自动驾驶；列车车身安装有数千个传感器，可以自动检测车辆安全，保障运行安全；列车供电系统首次采用轮轨式机器人巡检，打破了人工巡检局限性。同时京张高铁，还配备自动灯光调节系统、降震减噪技术来提高动车组的舒适度。

在智能运营方面，京张高铁实现了车站无线局域网（WiFi）全覆盖、查验票采取了自动化比对手段，旅客与随身行李实现同步安检。通过一证通行、刷脸进站提升乘客乘车便捷性。沿线车站配备了各种智能机器人，像随行小秘书一样为你服务，既可搬运行李，也可导航引导信息。同时，针对冬奥会赛事的特殊需求，车厢还配有滑雪板存放处，列车还设置了媒体专用包厢，该车厢实现高速互联网覆盖，可以通过智能显示屏，实时观看赛事直播，配合覆盖全车的 WiFi 系统，可随时编辑发送赛事报道。京张高铁新建了清河铁路枢纽，清河枢纽实现了高铁和地铁 13 号线并场设计，实现了高铁、城铁、公交车、出租车、私家车"零距离"换乘。

（二）智慧铁路枢纽发展情况

智慧铁路枢纽以信息化智能化的手段和理念推动铁路枢纽新建和改造。智慧铁路枢纽又分为智慧铁路客运枢纽和智慧铁路货运枢纽。

1. 智慧铁路客运枢纽

综合客运枢纽智能化系统是集成应用现代信息、通信、控制和系统工程等技术具有运行监测、安全应急与疏散、乘客综合信息服务、协同联动支持、载运工具停泊管理和综合信息管理等功能，支持综合客运枢纽实现高效组织运行、安全保障和信息服务的综合性系统。智慧铁路客运枢纽主要是以铁路为主的综合客运枢纽，整合了铁路和城市轨道交通、公路客运、城市公交、出租汽车、私人小汽车等多种运输方式，我国还有一些铁路客运枢纽与机场枢纽同步建设、一体化运营，如北京大兴机场、上海虹桥机场、成都天府机场、成都双流机场、银川河东机场等，都与干线铁路、城际铁路紧密衔接。智慧铁路客运枢纽主要包括基础信息网络的覆盖、智能化运输组织和管理、智能化的运营服务。

在基础信息网络的覆盖方面，当前我国的综合客运枢纽站点已基本具备了高速无线接入互联网公共服务的功能，可以通过移动通信网络接入互联网。部分综合客运枢纽还布局了无线局域网（WiFi），为乘客提供免费上网服务。随着 5G 网络建设的推进，当前不少综合客运枢纽已经实现了 5G 网络全覆盖，并针对枢纽客流量大、网络负载较大的情况进行了针对性的优化。不少枢纽还投入智慧屏、智慧机器人等自助式枢纽服务设施，为乘客出行信息引导带来了极大便利。

图4-6 火车站服务智能机器人

在智能化运输组织方面，铁路行车组织目前是实行全路运输调度集中统一指挥，这样可以更好地配置运输资源、发挥路网的整体效益。当前，国铁集团也在不断运用信息化现代控制技术提升铁路全路网列车调度指挥和运输管理智能化水平。综合铁路客运枢纽自身运输组织方面主要体现在铁路和区域、城市交通的高效衔接，根据铁路到发客流来实时调整城市和城际城市交通运力，更好实现乘客的集疏运。目前，铁路部门和铁路枢纽所在城市交通还难以完全实现运营信息互联互通，这也给城市侧运力组织带来了困难。不少客运枢纽采用人工智能手段，如成都东站通过视频检测来获取检出进出火车站的具体人数，进而动态调整区域和城市的集疏运能力，不失为一种折中的办法。

在智能化运营服务方面，利用智能化手段推动旅客进站乘车手续简化，引导信息丰富多样。目前，大部分高铁站已经实现旅客与随身行李同步安检、电子检票、"刷脸"进站、车内交互终端自主查询等一系列人性化、智能化的旅客服务。智能进站安检仪，把车票和身份证同步放入仪器，仅需1.7秒电脑即将现实人脸与身份证信息比对完成，显著提升了检票和安检的速度。同时，不少铁路客运站还与城市交通系统紧密衔接，开展了智能化乘客引导措施。

专栏4-7

重庆沙坪坝站智慧铁路枢纽建设

重庆沙坪坝智慧铁路枢纽开展了一系列智能化乘客引导的措施。沙坪坝项目的智能化系统将高铁与城市轨道交通、公交、出租等不同体系的交通信息集成为一体，公众在综合交通枢纽以及城市综合体内任意一个界面就能同时了解到高铁、轨道交通、公交和出租等各种不同交通工具的信息，有利于市民的出行。智能化系统还考虑了与城市综合体商业开发的衔接接口，可与商业开发综合利用。铁路和城市交通组织信息互联互通，铁路晚点信息可及时传达到公共交通。同时，沙坪坝站还引入了网约车和共享汽车停车区。沙坪坝站密切结合互联网新经济发展形势，预留了60个网约车和共享汽车的停车位，为出行客运新业态预留了充足的空间。为了高效利用综合客运枢纽的空间，考虑到城际长途汽车量日益萎缩，沙坪坝综合客运枢纽未布设长途客运汽车站。

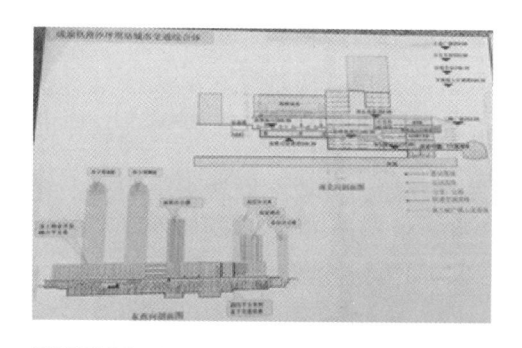

2. 智慧铁路货运枢纽

智慧铁路货运枢纽主要是以铁路运输方式为主的货场、编组站，我国大型铁路货运枢纽主要以陆港型物流枢纽形态为发展方向，以铁路物流基地建设为依托，打造现代铁路物流枢纽。智慧铁路货运枢纽是我国"网络+通道+枢纽+平台"物流运行体系重要一环，也是推进传统铁路货运场站提升为现代铁路物流枢纽的重要抓手。目前，铁路部门也在推进新一代信息技术在铁路枢纽场站广泛应用，实现换装装卸作业自动化、产品追溯化、设施数字化、管理智能化。利用信息互联网和设施物联网推动场站信息全面接入，打造在线物流枢纽，提高整体运作效率。我国正在推动铁路物流基地建设，这些重点建设的铁路物流基地也是智慧铁路货运枢纽布局的重要节点。

专栏 4-8

一级铁路物流基地规划布局

哈尔滨局新香坊站，沈阳局蒲河站、金港站、长春站，北京局平谷马坊站、新港北站、石家庄站、白沟站、高碑店站，太原局中鼎站，呼和浩特局沙良站，郑州局圃田站，武汉局吴家山站，西安局新筑站，济南局即墨站、齐河站，上海局徐行站、尧化门站、苏州西站、杭州北站、宁波北站、合肥北站，南昌局前场站、杜坞站、向塘站，广州局长沙北站、大田站、平湖南站，南宁局南宁站，昆明局王家营西站，兰州局东川站，乌鲁木齐局三坪站。

铁路编组站是铁路网重要的车流集聚地和交通枢纽，对铁路货运效率具有关键影响作用。在铁路编组站方面，现代化设备在编组站应用显著提高了编组作业效率，降低了吊车事故率，为减少定员、提高车站作业量也提供了保障。实现编组站综合自动化的车站，可将作业能力提高 20%—25%，列车进路排列自动化率高达 95% 以上，车站技术较大的信号源、外勤车号等岗位作业人员也可以精简 75% 以上，大幅提高了编组站作业能力。我国正在全面推广应用编组站自动化系统，目前该系统已经在北京、西安、成都、兰州、郑州等 10 个路局开通运用，其中西安铁路局新丰镇编组站 2014 年 10 月创下单日办理量 32148 辆。

国家铁路集团也在通过 95306 等现代化服务平台为用户提供全程服务，建设中国铁路 95306 网，对落实国家运输结构调整行动计划、推进铁路运输供给侧改革、打造现代铁路货运营销体系、提高铁路货运市场份额和经营效益、降低社会物流成本、提升铁路货运服务水平等具有重要意义。

（三）新型轨道交通系统发展情况

1. 磁浮等超高速轨道交通发展情况

磁浮高速铁路是未来高速铁路技术的发展方向。世界各发达国家已经开始着手磁浮高速铁路的开发和布局。磁浮高速铁路的运营速度、舒适性等都要高于当前高速轮轨铁路。磁浮高速铁路目前技术路径可分为常规磁浮高速铁路和真空环境超级磁浮高速铁路。

常规磁浮高速铁路仍是在正常空气阻力环境下运行，而真空环境超级磁浮高速铁路是在低空气阻力的大型管道中运行。磁浮系统的速度优势将保证都市圈、城市群之间能够便利、快捷地实现通达。

我国目前正在开展常规磁悬浮高速铁路研究工作，2019 年 5 月我国时速 600 公里高速磁浮试验样车已经在青岛下线。时速 600 公里的高速磁浮可以填补高铁和航空运输之间的速度空白，对于完善我国立体高速客运交通网具有重大的技术和经济意义。我国时速 600 公里高速磁浮工程样车在 2021 年初下线；预计在 2021 年在调试线上开展系统综合试验完成集成验证，形成高速磁浮工程化能力。目前，广东正在谋划建设广州至深圳时速 600 公里的高速磁悬浮铁路，项目已进入预可研阶段。

专栏 4-9

世界范围内高速磁悬浮铁路研究进展

全世界面向应用的高速磁浮系统分为 3 大类，一类是发源于德国，落地于上海的常导定子系统，现在我国研发的时速 600 公里高速磁浮系统也是属于这一类。第二类是日本的低温超导系统，日本正在建设的东京到大阪设计时速500公里的高速磁浮属于该类。第三类是管道式磁浮，目前美国、英国正在研发，这类系统设计时速可以达到1100公里。

日本已经在2016年10月开工建设东海铁路公司（JR东海）磁浮中央新干线最高时速500公里，40分钟即可连接日本东部地区和名古屋、大阪等关西地区。日本采用超导磁浮的高速铁路目前在山梨试验线做试验最高试验时速已经达到603公里。德国采用常导磁浮技术最高试验时速达到505公里。2016年起我国中车四方公司计划建设1条长度不少于5公里的高速磁浮试验线研制1列设计时速达到600公里的高速磁浮试验列车。我国已经在"十三五"期开展科技重点研发计划重点攻关项目"磁悬浮交通系统关键技术"。预计到2030年，德国、日本和我国将出现数条磁浮高速铁路。

真空环境超级磁浮高速铁路仍处于初步研究阶段，真空环境超级磁浮高速铁路是运行于低空气阻力大型管道中的磁浮高速列车。美国新创公司Hyperloop One已经在户外测试超级高铁。低空气阻力的管道环境是超级高铁的重要创新点。列车所需电力由铺设在管道顶部的光伏面板提供。胶囊型磁浮列车可在低空气阻力的管道内达到1100公里的时速，超过民航运输飞机的巡航时速。虽然超级磁浮高速铁路已经完成首次试验但是投入应用还需要很长时间，建设成本能否控制在可接受的范围也是未解难题。

图4-7 日本磁悬浮新干线L0系和中央新干线路线图

表 4-8　　　　世界典型的高速铁路列车和研发中的高速铁路列车

序号	车型	运营速度	投入运营时间
1	中国高速铁路 CRH380A	380km/h 最高试验速度 486km/h	2011 年
2	中国高速磁悬浮	运营速度 600km/h	2019 年试验样车下线
3	日本东北新干线 E6 系（超级小町号）	E6 系：最高速度可达 320km/h	2013 年 3 月
4	日本磁悬浮新干线 L0 系	2015 年 4 月山梨试验轨道 603km/h 载人运行 预计运营速度 500km/h	预计 2027 年
5	法国的 TGV — v150	运营速度 318km/h 最高试验速度 574.8km/h	1972 年 11 月

在我国重要交通通道长大干线布局磁悬浮铁路具有一定的意义，可以快速实现跨区域东中西部、南北方之间快速沟通，对于缩短区域间的时空距离，串接区域中心城市，引导经济带的形成，实现区域经济圈外延的拓展，增强区域经济发展质量有一定意义。在长三角、粤港澳、京津冀等地区研究发展磁悬浮高铁也具有一定价值，可以实现中心城市之间 30 分钟之内通达，形成与城市群内部中心城市之间 0.5—1 小时"门到门"或"站到站"通勤圈。

2. 适时布局高速磁浮铁路发展的思考

我们也应该注意到建设 600 公里时速的磁悬浮铁路对于提升城市群、都市圈等空间尺度的交通运输出行效率意义较为有限，投资预期回报也并不显著。一方面，磁悬浮铁路更适合跨区域长距离出行需求。考虑列车启停耗时和乘客对加减速耐受能力，在较小的站间距下，列车尚未达到既定时速，可能就已到达车站，列车实际旅行速度将远低于 600 公里时速，与当前 350 公里时速的高速铁路差别并不大，对于提升城市群等空间尺度的交通运输出行效率意义非常有限。另一方面，磁悬浮铁路的造价和运行成本远高于当前 200~350 公里时速的高速铁路和城际铁路，居民的出行成本将显著提升，很难满足城市群通勤式城际交通出行要求，投资预期回报并不乐观。同时，在我国长三角、粤港澳、京津冀城市群范围内中心城市之间不少已经有多条城际铁路、高速铁路,已经初步满足城市群、都市圈范围出行需求,仅在区域内新建磁悬浮铁路经济性有待观察。

(四)铁路互联网平台发展情况(12306/95306)

我国已经初步建成了以 12306 和 95306 为主体的铁路客货运互联网服务平台体系。"买票请到 12306,发货请到 95306"广为公众所知。中国铁路客户服务中心以 12306 和 95306 为服务用户的平台窗口,集成了全路客货运输信息,为社会和铁路客户提供客货运输业务和公共信息查询服务。

1. **12306 平台客运服务快速迭代演进**

12306 平台改变了铁路购票模式。2010 年初,我国开通试运行 12306 铁路客运服务平台。至 2020 年初,我国的铁路客票系统目前平均年发售车票约 30 亿张。当前铁路售票中,网上售票率超过 80%,其中手机客户端售票占网络售票比重约 78%,网页端占网络售票的 22%。12306 平台是我国铁路互联网票务系统的核心支撑。"随时随地购买火车票,铁路出行说走就走"成为现实。当前,用户还可通过 12306 查询旅客列车时刻表、票价、列车正晚点、车票余票、售票代售点、预订车上餐食等。12306 平台的自有票务数据中心私有云计算平台,分别位于中国铁路集团公司和中国铁路科学研究院。同时 12306 平台具有弹性和可扩展的架构,在节假日等票务处理高峰期,也会采用公有云、私有云结合的混合云来提升服务能力。12306 平台切实改变我国人民出行购买火车票的方式,并通过平台系统的迭代优化升级不断提升服务水平。

电子客票便利乘车和换乘。2019 年,我国还基于 12306 平台开通了铁路电子客票,铁路客运服务正式开始告别纸质车票,电子客票有利于减少乘客出行取票环节,更有助于围绕铁路开展联程联运,便捷旅客出行。电子客票与传统的银通卡结合也在显著改变铁路出行票务模式。我国铁路部门从 2012 年开始发行中铁银通卡,旅客办卡预存费,可直接刷卡乘坐高铁。截至目前,已有 13 个铁路局集团公司的 35 条城际铁路线路开通了中铁银通卡刷卡乘车业务。目前,我国铁路部门正在加强对新一代中铁银通卡进行研究，构建虚拟卡"一键开卡、一键充值、一码乘车"，以电子二维码为载体实现自助验票、安检和乘车支付的一体化流程，该成果已在部分城际线得到应用，亟待大规模推广。

2. 95306货运服务平台发展潜能较大。

95306货运服务平台发展潜能较大。2015年4月，原中国铁路总公司出台了95306铁路货运服务平台，为客户提供B2B铁路大宗物资交易（支持煤炭、焦炭、矿石、钢铁、粮食、化工、矿建、化肥、水泥、石油、棉花、饲料、木材、饮食品、糖、酒等品类物资在线交易并提供配套物流服务）、B2C小商品交易（含商品选购、在线支付、物流配送、网络营销、客户服务等功能）、原12306原有货运电子商务等三大类服务业务，95306还支持了在线支付功能，并提供了配套的物流服务。

2020年，95306开通了"数字口岸"模式，改变了传统铁路班列通关方式，实现了铁路与海关部门的高度协同，取消了人工申报和纸质单据，使客户足不出户即可完成海关申报、铁路流向变更等手续，减少了国际联运货物申报到海关放行时间，显著提升了口岸便利化程度和通关效率，提升我国铁路口岸运营品质和效率，进一步优化口岸营商环境。95306"数字口岸"可以自动获取铁路进出口货物、企业、运输工具等信息，并通过铁路数据专线连通海关总署，并与俄罗斯、哈萨克斯坦、蒙古等周边国家铁路部门和企业，完成通关信息的高效交互。满洲里、绥芬河、阿拉山口、霍尔果斯、二连浩特等铁路口岸站已于2020年逐步上线应用。目前，经阿拉山口口岸出境中欧班列通关时间压缩至5小时内，入境中欧班列通关时间压缩至18小时内。

但目前，95306系统并未得到充分利用，铁路货运组织功能并未充分发挥，货运电子商务业务还未达到预期效果。目前95306还需要对外构建全路统一的铁路货运综合服务平台，对内构建铁路货运营销及货运管理平台，以满足铁路货运与现代物流融合发展的需要。

总体来看，12306和95306等铁路互联网服务平台拥有超大规模的用户群体，高量高频的交易量、海量的数据沉淀、高黏度的使用需求，在保障铁路客货业务正常办理和客货流高效组织的基础上，铁路网和互联网两网融合存在巨大的发展潜力，不仅可以高效支撑铁路部门行业决策，高效推动综合交通运输体系规划和发展，也有利于激发数据、技术等要素资源潜力，催生经济社会发展新动能。

二 智能铁路发展思路

（一）打造智慧铁路枢纽

1. 完善以铁路客运站综合交通枢纽为中心的城市交通体系

加快5G等新一代信息网络设施在综合客运枢纽布局。推进客票销售、实名制核验、进站检票、列车核验及出站检票全程电子化，实现旅客持身份证、电子客票等便捷出行，打造全新的铁路出行服务链。加快建设智能化交通换乘枢纽，加强与高德、滴滴等互联网企业合作，积极利用城市交通大数据不断优化线路，实时调节集疏运能力。依托综合客运枢纽大力发展定制公交，根据客流情况和出行需求设计线路、配备车辆，提供点到点大流量快速到达服务。在综合客运枢纽建设完善一批城市公共交通智能化应用示范工程，为市民提供公交到站等实时信息。

建立基于大数据的城市交通决策支持体系，对综合交通枢纽到发客货数据、公交车实时数据、出租车行车数据、道路事故数据等进行深入挖掘分析。推进交通出行便利化，引导软件企业利用政府开放的公共数据资源开发具有特色优势的智能应用程序（App），提供线上约车和实时打车等多种便民高效的服务方式。积极推进城市群、都市圈交通一体化经验，大力发展公共交通一卡通、移动支付、电子客票和电子检票，提升交通支付智能化水平，加快全省跨区域互联互通。推进综合交通枢纽和站点、公共交通工具运行全数字化网联化。强化交通枢纽之间的信息互联互通和协同运行，将公共交通、城市轨道交通、铁路交通、道路交通等运行信息集中于统一视图进行综合协同调度，在综合客运枢纽创新应用室内立体交通导航系统，强化铁路和城市公共交通的运输组织衔接和运营信息共享公开。

2. 依托铁路货运场站发展智能铁路货运枢纽延伸服务链条

加快铁路物流节点内部信息化建设，提升作业过程全面感知和实时监控水平。支持铁路货场与物流园区、仓储设施、配送网点等信息对接，实现人员、货源、车源等信息高效匹配，优化成本控制，提高运营效率。全面推广应用编组站自动化技术，进一步提升铁路编组站作业效率。整合通关信息、口岸信息、企业信用信息及跨省市联运信息，提高各物流节点之间信息传输和交换能力，打造具备中枢决策功能、资源协同利用、流程再造功能强大的供应链整合和决策服务平台。加强物流运输综合监管。建设物流运输一体化综合监管平台，以95306平台加强对集疏运车辆及产品的运行轨迹、运行状态进行动态监控、自动分析和预警，强化供应链全过程的定位、跟踪、监控和管理，为交通应急调度、突发事件在线指挥提供支持。建设覆盖全省的危险品运输监控平台，及时获取"人、车、货、路、天气"等安全要素信息。

专栏 4-10

《国家物流枢纽布局和建设规划》物流枢纽智能化发展要求

促进现代信息技术与国家物流枢纽运营管理深度融合，提高在线调度、全流程监测和货物追溯能力。鼓励有条件的国家物流枢纽建设全自动化码头、"无人场站"、智能化仓储等现代物流设施。推广电子化单证，加强自动化控制、决策支持等管理技术以及场内无人驾驶智能卡车、自动导引车、智能穿梭车、智能机器人、无人机等装备在国家物流枢纽内的应用，提升运输、仓储、装卸搬运、分拣、配送等作业效率和管理水平。鼓励发展智能化的多式联运场站、短驳及转运设施，提高铁路和其他运输方式换装效率。加强物流包装物在枢纽间的循环共用和回收利用，推广使用可循环、可折叠、可降解的新型物流设备和材料，鼓励使用新能源汽车等绿色载运工具和装卸机械，配套建设集中式充电站或充电桩，支持节能环保型仓储设施建设，降低能耗和排放水平。

3. 加强综合交通枢纽大数据等应用

将综合交通枢纽打造为汇集各类客流、商流、资金流、信息流的城市智慧中枢。强化交通运输信息采集、挖掘和应用，促进交通各领域数据资源综合开发利用和跨部门共享共用。依托枢纽打造宜居、宜业、宜行、宜娱的生产生活、创新创业新空间。

4. 强化枢纽安全生产管理和监管体系建设

落实枢纽运行企业安全生产主体责任，健全枢纽安全生产管理规章制度。充分利用现代信息技术，建立集监测、监控和管理于一体的枢纽网络智能安全监管平台和信息传输系统，基本建成枢纽站场空间全覆盖的移动和固定设备运行监控网络。完善枢纽站场突发事件应急预案方案，纳入城市应急救援体系重点监测范围。加强在运营时刻、组织调度、运力安排等方面的协同衔接和应急响应，保障极端恶劣天气、大面积晚点等非正常情况下的客货运输接续。

（二）发展新型轨道交通系统

1. 加速高速轨道交通的研发

加快复兴号系列化动车组研制，研究新一代高速动车组、智能动车组、城际及市域动车组、旅游新型列车，换代升级普速客车。开展时速600公里级高速磁悬浮、时速400公里级高速轮轨客运列车研制和试验。探索研究在京广、京沪、沿长江等综合运输大通道布局时速600公里级高速磁悬浮，高效串接京津冀、长三角、粤港澳、成渝等城市群，实现跨区域高效衔接互通。

2. 有序推进中短运距为主的中小运量轨道交通系统建设

以城市群、都市圈中心城市的城市轨道交通网络为骨架，拓展城市中心与市郊、市郊至外围组团的交通运输联系。推动部分需求相对较大的线路率先布局中短途、小运量新型城市轨道交通系统。针对市郊周边客流增速较快区域以及城市中心区客流需求密集区域，研究云轨等跨座式单轨等中运量轨道交通方式，主要承担为外围组团内部出行提供骨干线路、连接郊区组团与城市轨道交通线网、加密城市轨道交通线网等功能，发挥对市区轨道网的辅助和补充作用。针对综合交通枢纽、工业园区、住宅小区等客流相对密集场所与城市轨道交通站点衔接的短距离交通问题，选用云巴等小运量轨道交通方式，主要提供"最后一公里"便捷衔接功能。

图4-8 比亚迪云轨、云巴运行示意图

专栏4-11

中小运量轨道交通——比亚迪云轨、云巴

云轨是由比亚迪公司自主研发的中小运量轨道交通产品，属于跨座式单轨列车范畴，其轨道建设在道路中央分隔带或狭窄街道上，不单独占用路面，它具有爬坡能力强、转弯半径小、适应多种地形、噪音小、综合建设技术要求和总体造价成本低以及施工周期较短等优点，可满足超大型城市的交通支线和加密线、大中城市的主干线以及旅游景区观光线以及老城区及旧城改造交通线等多种道路需求。

云巴是比亚迪自主研发的具有100%自主知识产权的胶轮有轨电车，在道路中心绿化带上进行高架敷设，具有独立路权，可有效缓解城市拥堵。同时搭载无人驾驶系统、深度集成的综合调度系统、人脸识别等高科技配置。具有建设成本低、建造周期短等诸多优势。凭借噪音小、车型微的优势，云巴可实现穿楼而过，将一个区域的住宅楼、学校、超市串联起来，从而在空中打造每隔 300 米便有一个交通站点的灵活轨道交通网络，让城市更具备活力。

（三）优化完善铁路互联网服务平台（12306/95306）

全面推进中国铁路信息 CR1623 工程建设，构建中国标准的智慧铁路信息系统。创新打造智能高铁大脑平台，以大脑平台整合智能建造、智能装备、智能运营，打造互联互通、协同互动、有机统一的铁路神经中枢。开展数据汇聚、治理，优化利用智能铁路大数据资源，为铁路智能诊断、智能预测、智能决策提供支撑作用。

在打造智能高铁大脑的基础上，强化铁路网和互联网双网融合，依托 12306、95306 平台及铁路大数据中心，强化铁路客货运输综合服务能力，整合社会出行服务平台功能，依托电子客票围绕铁路枢纽开展旅客联程联运"一票到底"服务，推进中铁银通卡在更多出行领域应用。

推动铁路与经济社会深度融合发展，高效利用 95306 平台，全面推广 95306 数字口岸应用。在保障大宗货物运输的基础上，促进铁路与现代物流融合发展，以合作思维拓展零担物流业务。依托 95306 平台加强铁路与电商物流龙头企业合作，依托电商平台为铁路组织货源并开展集疏运服务，集中利用铁路干线运输能力，开行点到点城际货运班列，充分利用高铁运输快递，充分发挥铁路大批量、长距离货物运输优势。同步开展交易结算、多式联运金融保险、信用管理等衍生服务，推动铁路货运企业向综合物流服务商转型，培育铁路数字经济和智能经济。

第三节　发展智能航运

一　智能航运概念和发展现状

（一）智能航运概念

智能航运是现代信息、人工智能等高新技术与航运要素的深度融合产生的新一代航运体系。智能航运主要包括智慧港口和智慧航道，为智能船舶运行提供高效支撑。

（二）智慧航道技术逐步推广应用

航道是国家重要的公益性交通基础设施，智慧航道主要是由航运管理部门负责建设和管理。智慧航道是依托地理信息系统、网络通信等信息网络技术，对航道管辖区域、管理对象及活动进行数字化、在线化、可视化的呈现，支撑航道业务运行、动态监测管理、辅助决策服务、开展普遍航运服务的技术系统，是服务于我国航运发展的综合信息基础设施。智慧航道的功能主要是实现航标、航道水情、航道尺度、通航建筑物、船舶运行、水域气象等信息进行动态监测和互联互通，提供电子航道图，提升航运管理部门治理水平，沿线港口和运行船舶提升丰富的助航信息，支撑全天候复杂环境下的航行。

图4-9　船载GPS（左）和北斗导航系统（右）

从航道运行服务来看，宝船网、船讯网能够为我国海运船舶提供全球船位、气象、轨迹等功能，开展全球电子海图、全球岸基和卫星AIS船舶动态和专业气象数据的综合信息服务平台。同时，我国也在加快构建覆盖内河高等级航道的智慧航道服务体系。目前我国已经初步建成长江干线数字航道，这也是我国发展水平最高的内河智慧航道。

E航海是未来航运安全保障体系的新标准，也代表了航运安全和助航发展的新方向。在E航海工程建设方面，我国近年来主要针对珠江口、长江口和天津港复式航道等船舶通行量大、通行环境复杂的航行区域，推动了建设E航海示范工程，初步拟定了E航海服务标准，推动智能航道、智能助航等应用。

专栏4—12

长江干线数字航道建设

长江干线数字航道的发展目标是实时动态监测、及时维护、航道维护资源的科学配置和联网调度、航道现势信息的可靠发布、实用便捷服务，推动航道维护效率和信息服务水平的大幅提升。2019年末，长江干线数字航道已经基本建成，全面实现了长江干线约2700公里航道的航标、航道水情、航道尺度等信息的互联互通，助力推动了长江航道生产变革、管理变革、服务变革。在生产方面，推动了航标维护由人工巡检实现了航标动态实时监测。在管理方面，依托航道空间数据库，开展了航道基础信息、船舶航行轨迹的大数据分析，更好支撑航标维护工作。实现了对生产业务和维护船舶的平台化一体管理。在服务方面，航道水深数据实现实时准确采集和精准尺度预测，实现更为精准的引导航路。自主研发的长江电子航道图全面覆盖长江航线，并集成应用了气象预报、控制河段语音播报、信息提示等功能，深受用户好评。同时长江干线数据航道还与支线航道进行了紧密衔接，可以实现无缝衔接获取航道航标、水深水位、船舶运行、桥梁码头等航道助航信息。目前已在赣江、汉江等支流航道推广应用，实现了长江干线数字航道平台还预留了二次开发接口，具有较强的功能拓展性。目前，长江航道图 App 已经上线运营，并不断根据新的用户需求进行更新升级。长江干线航道应用取得了显著成效，显著增强长江航运管理部门的治理能力，对提升长江通行安全水平、提升船舶运行效率也具有较大作用。

（三）智慧港口建设发展全面启动

智慧港口是未来港口形态的演进方向，也是港口竞争力的重要体现。港口的建设和运营以地方和企业为主来承担。我国目前正在通过试点示范引领带动智慧港口建设。

1. 智慧港口试点情况

2017 年，交通运输部重点就智慧物流和危险货物管理开展智慧港口试点，在 10 个省（区、市）开展了智慧港口试点，对优化港口枢纽物流服务、强化安全监管，提升港口信息化、智能化水平起到了较大推动作用和示范作用。2018 年，国家发改委等部委出台了《国家物流枢纽布局和建设规划》，我国首批建设的宁波—舟山、重庆、厦门、营口、广州、青岛、宜昌等港口型国家物流枢纽，均把智慧港口建设放在了非常重要的位置。

2. 自动化集装箱码头建设情况

在振华重工的创新技术支撑下，我国的全自动化集装箱码头系统已经占据了世界领先的地位，发挥了非常重要的示范引领作用，并力求在世界范围内拓展应用。目前世界范围内自动化集装箱码头主要分为以堆场自动化装卸为核心的半自动化码头和以全过程自动化装卸为核心的全自动化码头。我国已建成的自动化集装箱码头大部分为全自动化码头，包括厦门远海全自动化集装箱码头、青岛港全自动化集装箱码头、上海洋山四期全自动化集装箱码头已经相继建成投产，同时天津、宁波、广州、深圳等港口也在积极推动自动化集装箱码头建设。以青岛自动化集装箱码头为例，在采用了全自动化技术装备后，减少了操作人员约85%，提升作业效率约30%，码头设计作业效率可达每小时40标箱。

> **专栏 4-13**
>
> ### 新加坡"下一代港口"建设经验
>
> 新加坡为了加强和提升其在国际航运枢纽地位，正积极推进智慧港口建设，提升吞吐能力和港口综合服务能力，充分利用先进技术手段和自动化、智能化设施设备，不断推进码头运营智能化，为我国智慧港口建设提供了宝贵的可供借鉴经验。目前，新加坡港大力推进大士新港建设，分四期建设，预计将在2027年全部完成，新加坡港将成为超现代化的、高度自动化和智能化的智慧物流中心。成为本地区集港口航运、临港工业、造船业和其他港口事业于一体的超级港口综合体。大士新港将拥有26公里的深水泊位（最深23米），年吞吐量将达到6500万标箱，全部建成后将能够处理世界上最大的集装箱船舶，并将成为世界上最大的自动化集装箱码头。大士新港计划采用高度智能化、全自动化作业设施，构建自动导引车系统、岸桥自动维护系统、码头自动化系统、自动化场地起重机系统、智能视频分析系统等五大智能系统。同时，新加坡也非常重视信息平台的整合工作，将港口、海事、商贸原有的港口网、海事网、贸易网等平台整合成了"单一窗口"港口物流服务平台。

3. 依托智慧港口开展业务与服务模式创新

当前，我国的智慧港口建设已经远不止停留在港口的信息化智能化改造、单纯提升港口作业效率的阶段，上海港、深圳港等国际化枢纽港口均在智慧港口跨业融合发展方面开展了较多的探索工作，探索将港口打造成为货流、信息流、资金流的组织中心，延伸服务至内陆港，开展统一协调组织，开展了一系列业务与服务模式创新。

表 4-9　　　　智慧港口示范工程项目名单（2017 年）

序号	示范工程省份	具体项目	实施单位
1	辽宁省	大连港"壹港通"智慧物流跨界服务大平台示范工程	大连港集团有限公司
2	河北省	京津冀协同下的"一键通"大宗干散货智慧物流示范工程	河北港口集团有限公司
2	河北省	港口企业危险货物智能化安全管理示范工程	唐山港集团股份有限公司
3	天津市	京津冀港口智慧物流协同平台示范工程	天津港（集团）有限公司
4	山东省	港口物流电商云服务平台示范工程	青岛港国际股份有限公司
5	江苏省	海江河全覆盖的港口安全监管信息平台示范工程	江苏省交通运输厅港口局
5	江苏省	江海联运一体化全程物流供应链港口智慧物流示范工程	南京港（集团）有限公司
6	上海市	基于港口网络的江海联运智慧物流示范工程	上海国际港务（集团）股份有限公司
7	浙江省	港口企业危险货物标准化程序化智能化管理示范工程	宁波舟山港股份有限公司
8	福建省	厦门国际航运中心港口智慧物流平台示范工程	厦门港务控股集团有限公司
8	福建省	省级港口危险货物安全监管综合服务平台示范工程	福建省港航管理局
9	广东省	互联网+港口物流智能服务示范工程	广州港集团有限公司
10	安徽省	面向内河中小港口多式联运智慧物流平台示范工程	安徽皖江物流（集团）股份有限公司

数据来源：交通运输部。

二　智能航运发展思路

（一）提升智慧航道发展思路

1. 推进智慧航道拓展完善

重点推动高等级航道智慧航道建设，推动航道养护精细化、航道应急处置快速化、航道管理便捷化、航道服务智慧化。完善高等级航道电子航道图,全面建立"全天候、全要素、全方位"的内河高等级航道感知网,加快推进电子海图和内河电子航道图标准化。加强航道水域气象、水文监测基础设施建设,加快推进航标、航道水情、航道尺度、通航建筑物、船舶运行、水域气象等信息进行动态监测和互联互通,全方位保障水上航行安全,提升重点水域通行效率。

2. 推进船岸协同一体化发展

针对内河、近海和远洋不同的导航需求和特点,加快推动北斗系统和遥感卫星系统在航运领域的广泛应用,推进陆基备份定位系统和增强系统建设,推进网络化虚拟航标应用。扩大E航海系统性工程试点范围,开展我国E航海整体工程建设,逐步建成满足船舶自主航行需求的E航海服务体系。探索将长江干线数字航道系统拓展至一级支流。发展适应智能船舶的岸基设施,推进航道、船闸等设施与智能船舶协同运行。

3. 打造先进航运服务平台

构建高性能的航运数据交换体系,加强整合航道生产作业、船舶运行、航运服务等数据资源。进一步拓展宝船网、船讯网等服务功能,强化海事、搜救、渔业、边防、航运、港口接驳、应急管理、船舶租赁等综合信息服务系统,打造航运服务生态系统,探索开展航运金融、多式联运服务等增值服务。

(二)智慧港口发展思路

1. 全局统筹智慧港口建设运营

加强智慧港口顶层设计,以智慧港口建设作为海洋强国、航运强国发展的重要抓手。针对港口功能层级、作业货类、吞吐运量等需求和特点,分层次、有重点地推进智慧港口建设,结合港口实际发展需求和未来吞吐量增长前景,配置先进适用的智慧港口技术装备,以加强港口、航道、船舶信息互联互通和能观可控为重点,以提升港口作业组织效率为取向,以融合联动区域产业链和城市国土空间布局为高层次要求,切忌贪大图洋为"自动化"而"自动化"。将我国智慧港口发展经验推广至"一带一路"沿线重点港口,加强中资企业经营的海外港口智能化改造。

2. 构建高效运行的智慧港口系统

全面推广应用智慧码头管理系统，形成全面感知、泛在互联、港车协同的智能化系统。将大数据、区块链、物联网、5G通信、人工智能等新技术应用于港口生产和管理，构建适应港口货类和船型的高效作业系统。重点提升专业化泊位作业效率，挖掘港口堆场容积能力，为海侧和陆侧生产运营提供经济和高效的运输服务。重点加强危险品货物的实时监管，实现危险品全流程无死角监控。实现基于人工智能视觉识别技术在集装箱全流程智能识别应用，提高集装箱箱号识别效率和准确率。重点推动国际枢纽港口开展智能化设施新建和改造提升，引导符合条件的现有传统集装箱码头进行自动化改造，推动自动化堆场建设和改造，加强推动自动化轨道吊改造、智能堆场的建设、无人集卡的投运。探索开展港区内部集卡和特殊场景集疏运通道集卡自动驾驶示范，构建从"码头前沿—堆场—后方场站"一体化"无人化"港区建设，打造世界智慧港口的新标杆。重点应用区块链技术，构建智慧港口区块链平台，推进电子单证、业务在线办理、危险品全链条监管、全程物流可视化等。

3. 围绕智慧港口平台打造生态圈

围绕港口构建物流综合信息服务平台，打通口岸通关支持系统。以物流交易为核心，开展金融服务、航运数据服务。以码头运营智能化为支撑，开展供应链协作和国际贸易便利化服务，积极推动港口与城市、区域等上下游产业链有机结合。依托智慧港口平台联动内陆腹地，强化物流信息互联互通，依托多式联运系统拓展内陆无水港，扩大港口经济辐射范围。充分发挥港口的综合区位优势和物资集散条件，集聚高端要素，发展临港物流、临港工业、临港商贸产业集群，培育港口枢纽经济新增长点。

第四节 智慧民航

一 智慧民航概念和发展现状

（一）智慧民航的概念

智慧民航是民航领域的新型基础设施，是以信息网络为支撑，以数字化、网络化、智能化为手段，以智慧空管和智慧机场为支撑，以空中、空地高效协同和地面综合运输高效衔接，推动民航业数字转型、智能升级，融合创新的服务和管理体系。

智慧民航代表了民航领域的发展方向，"全面感知、泛在互联、人机协同、全球共享"是智慧民航的基本形态，智慧民航发展有助于推进大数据、移动互联网、人工智能、区块链等先进信息技术与交通运输深度融合，对提升民航运行效率、改善民航安全水平，对推动民航持续安全发展、大众化发展、全球化发展具有重要作用。对全方位重塑民航业的形态、模式和格局具有重要作用，对民航业全面融入并推动综合交通运输体系升级演进具有重要作用，对支撑交通强国建设具有举足轻重的作用。

（二）智慧空管能力亟待全面提升

智慧空管在国际范围内有相对明确演进路线。当前我国既有民航空管系统支撑当前高速增长的民航客货运量具有一定难度，尤其是粤港澳、长三角等地民航客货吞吐量的高速增长、航班密度的持续提升和枢纽机场的密集布局，对我国空管业务带来了较大挑战。飞行活动的多元化也给我国较为粗放的空管模式带来了较大的挑战，陆基、区域分立式空管系统难以支撑民航业的发展。同时，我国空中大通道容量不足，空域容量和空中交通流量失衡问题比较突出，亟须构建单向循环空中大通道。无人机等小型飞行器的广泛应用，也给空管带来了较大的挑战。同时，我国民航飞行器全球追踪系统仍未建立，基于大数据的航路和机场流量管理有待进一步提升、智能机场进离港排队还需要普及、区域管制中心联网仍然不畅等，空地一体化协同运行能力有待提升。我国国内航线航空器的空中互联网服务与国外航空公司发展还存在较大差距，国内大部分航班仍无法实现空中上网。当前，将人工智能、大数据等技术引入空管领域，"从智能化要能力"已成为共识，构建智能化的空中交通管理系统，是民航业发展的重要方向。

（三）我国智慧机场建设方兴未艾

我国的智慧机场的发展以地方为主，发展目标取向和技术路径相对多元化，大量在建和改扩建的机场均以智慧机场为发展目标。以北京大兴机场为代表的智慧机场，不仅对旅客联程联运无缝硬性衔接（机场与城际铁路、城市轨道交通、城市公交、城际客运等衔接）做出了较大提升，同时还依托各类智能化的手段，对旅客全链条全方位服务方面做了较多创新。

专栏4-14

北京大兴机场智慧机场建设

北京大兴国际机场实现了空中、地勤、城市交通、铁路等多方协同和智能指挥调度，大兴智慧机场重点打造19个平台的68个系统，实现了对大兴机场全区域、全业务领域的覆盖和支撑，较国内国际枢纽机场，显著提升自助值机设备的覆盖率和自助行李托运设备覆盖率。安检通道均引入了人脸识别等智能新技术，采用了RFID行李追踪系统，可实现旅客行李全流程的跟踪管理，旅客可以通过手机应用端实时掌握行李状态。同时，大兴机场还建立了统一的运行信息数据平台，整合了大数据分析等技术，可以全面掌握航班运行状态与地面保障各环节信息，实现信息精准掌握、运行智能决策，总体提升机场运行效率。

1. 民航机场智能调度系统平台能力显著加强

协同运行平台联通了航空公司、联合检查单位、空中管理以及其他政府监管部门，平台能够集成机场各种业务的语音、数据、定位和视频传输服务，为决策者提供实时信息保障支撑。有效推动机场传统信息化发展以纯粹集成系统为核心，转变为多业务支撑平台协同发展，高效控制航班保障任务各个链条环节。

2. 智慧机场还围绕乘客开展了全流程智能化服务

一方面，打造旅客从机场入口到登机口的全流程高效、便捷体验。开展智慧乘机信息服务、航站楼引导服务、自助化行李托运服务、乘机信息匹配验证服务、智慧商业服务、电子机票服务。另一方面，围绕民航与城市、城际交通出行联程换乘加强组织和服务，为民航出行者提供航班、铁路、城市轨道交通、客运大巴、出租汽车等多种交通方式的数据信息，并根据航班时刻表和实际运行情况对地面交通运输能力进行动态优化组织，高效支撑以机场为核心的综合交通运输体系高效运转。

3. 智慧机场在数据共享互通方面目前还面临着一些共性短板

大部分城市对本地航班的实时运行数据还不能完全掌控，如成都的四川省机场集团只能掌控包含双流机场在内的5个机场的运行信息。同时机场航班数据主要集中在中航信（中国民航信息集团有限公司），省机场集团需要从中航信购买航班运行信息。目前以省机场集团为代表的机场公司正在打造智慧机场云平台，航班时刻对接和地面交通信息衔接工作有望进一步改进。同时，机场、铁路与城市交通运行信息对接不畅，由于机场和铁路与城市交通信息对接不畅，综合交通枢纽在旅客疏散，尤其是晚上铁路车站疏解存在很大问题。

表4-10　中国民航首批未来机场（智慧机场）标杆示范项目名单

序号	示范项目	报送单位
1	首都机场智慧机场建设项目集	首都机场股份公司
2	北京新机场智慧规划建设项目	北京新机场指挥部
3	呼和浩特智慧机场旅客服务平台	呼和浩特机场公司

续表

序号	示范项目	报送单位
4	虹桥机场 T1 改造工程 B 楼旅客全自助服务项目	上海机场建设指挥部
5	南京机场绿色机场建设项目	南京机场公司
6	杭州机场智慧大数据项目运输局云数据中心建设项目	杭州机场公司
7	数字孪生智慧运行项目	合肥机场公司
8	青岛机场智慧机场建设项目	青岛机场公司
9	广州机场智慧机场建设方案	广州机场公司
10	深圳机场未来机场规划建设	深圳机场公司
11	武汉机场智慧机场建设项目	武汉机场公司
12	长沙机场总体运营管理平台项目	长沙机场公司
13	智慧能源管理平台建设项目	长沙机场公司
14	厦门新机场智能化高体验绿色航站楼建设项目	厦门机场公司
15	机场安保全流程项目	海口机场公司
16	鄂州智慧机场建设规划	鄂州机场公司
17	成都机场远机位储能型地面静变电源	成都机场公司
18	"智绘"天府规划建设项目	成都天府机场建设指挥部
19	昆明机场智慧机场运行管理项目	昆明机场公司
20	人工智能 AI 图像分析安检质控平台系统	贵阳机场公司
21	茅台中小型机场协同一体化规划	遵义茅台机场公司
22	咸阳机场三期扩建工程智慧机场规划实施方案	西安机场公司
23	新疆机场集团全域管控中心	新疆机场集团

二 智慧机场发展思路

（一）推动新一代空管系统部署

重点推进空域大容量通道建设，推进单向循环空中大通道建设，构建以单向运行为主的民航干线航路网格局，强化骨干航路通行能力。推动新一代空管系统部署，推进航空通信、导航、监视、信息管理和航空电子设备全面演进。完善陆基导航的设施和布局，满足仪表运行和基于性能的导航运行需求，逐步推动从陆基导航向星基导航过渡。推进北斗定位导航系统在民航领域的全面应用，完成北斗星基增强系统运输航空定位导航应用，全面推动北斗系统运输航空导航及监视应用，实现大型无人机混合空域运行的场景化应用。布局机场数字化放行和自动航站情报服务系统，实现飞行任务四维航迹管理，促进民航飞机起降效率和安全性达到世界先进水平。发展空中导航、空中防撞、机场地图和交通信息显示等先进航电技术。积极发展空中互联网，全面为民航旅客提供空中接入互联网服务。

（二）提升智慧机场服务能力

加强民航管理部门对民航运行关键信息的集中统一管理。构建机场运行信息数据平台，以提升机场和航空公司服务品质为导向，加强民航管理部门、机场、航空公司、保障单位的数据互通共享整合大数据分析等技术，全面掌握航班运行状态与地面保障各环节的信息，实现信息精准掌握、运行智能决策，提升机场的运行效率。以机场为载体，畅通信息网络通道，形成一个人流、货物流、信息流、资金流等各类资源要素有机融合的民航生态圈。

加强云计算、大数据、人工智能等新一代信息技术与机场服务深度融合，充分利用各类互联网平台开展各项服务业务，以机场为载体整合各种运输方式，推动新技术与机场运行模式、服务模式、管理模式等的深度融合，通过全方位创新驱动来实现机场智慧化。加快北斗导航定位系统在机场自动化作业、精准定位等领域的应用。重点推动5G等新一代通信网络在机场布局建设，实现无缝覆盖，推动多网融合，实现对机场管理和服务的全区域、全业务领域的覆盖和支撑。推动从航站楼一直到登机口，实现全流程自助，无纸化一证通行，实现旅客行李全流程的跟踪管理，推进自动接驳服务。构建机场综合运输运行组织平台，高效组织进出港旅客，推动城际铁路、城市轨道交通、客运大巴等运力平台，推动机场综合交通枢纽运力供需平台、高效衔接。

第五章

交通互联网平台组织创新应用研究

互联网平台是重要的新型基础设施,是线上线下应用衔接的重要介质,是交通运输组织和社会治理创新的重要载体,是数字经济的核心载体,也是国际产业和科技竞争的重要领域。交通互联网平台的本质是链接双边或多边市场,随着"互联网+"与交通运输的深度融合,互联网平台作为连接基础,通过业务在线化和数据挖掘,促进供需双方精确匹配,缩短供需对接环节时间,提高资源配置效率。

第一节 互联网平台的发展特征和现状

一 互联网平台和平台经济的特征

平台一词早已有之,在国外最早出现于 1574 年。平台的基本特性是通过连接而创造价值,产生网络效应。平台通过聚合数量众多的不同用户,采用适宜的治理结构组织与协调各要素,能有效降低交易费用,产生新的价值。

2000 年以来,人类社会迈入数字化时代,支撑平台的关键技术发生了变化,涌现出许多以互联网、物联网、大数据、算法和云计算、人工智能及智能设备为支撑的数字平台。数字平台通过算法和数据驱动,可产生超强的预测分析能力,能够提供更多的个性化服务,对大趋势进行预测。数字平台与智能基础设施相结合可构建出一套生态系统,有效聚合零散的供给与需求,有效撮合,收获长尾效应,业界将其称为平台经济。数字平台及其平台经济近年来高速发展，将深刻改变我们的生产和生活方式。例如在应对当前新冠肺炎疫情防控工作中，电商、外卖、出行、社交、搜索等领域互联网平台利用自身的供应链和物流调配、信息交流、数字技术应用等优势，在保障重点物资供应和民生需求、维护市场秩序、人员流动控制，以及创新疫情防控方式、配合联防联控等方面发挥了重要作用，提升了新冠肺炎疫情应对的应急管理和社会治理能力。

互联网平台是数字平台的一种具体形式，是重要的新型基础设施，是交通运输组织和社会治理创新的重要载体。互联网平台已经成为引领国家创新驱动发展的基础平台，平台经济模式逐渐成为互联网产业发展的主流模式。我国个人和企业的财富形态的变化和演变，也在向无形的商品和资产去演进，5G时代的来临，无形资产还会占据更大的比重。互联网平台经济处于不断发展之中，互联网平台的内涵和范围也将不断迭代。

我国互联网平台的应用和模式创新已经走到了世界前列，对互联网平台的研究主要分为平台经济创新和互联网平台的规则制定两个方面。我国企业的研究重点是互联网平台经济的创新，而政府则将对互联网平台的规则制定作为重点研究对象。当前对于依托互联网平台来引领交通运输发展，拓展经济发展新空间的研究相对较少，对互联网平台的功能研究主要集中于交通服务领域，对依托交通互联网平台开展社会治理的研究相对缺失。本章将研究重心集中于互联网平台的规制上。

二 互联网平台经济的现状

平台经济是基于互联网平台发展兴起的新经济，是典型的"互联网+"和"人工智能+"的混合体。

学术界认为平台经济是以智能技术为支撑，以互联网平台为基石，以聚合器为利器，通过聚合数量众多且零散的资源，连接具有相互依赖的多方，促进彼此互动与交易，形成健壮的、多样化的数字平台生态系统。所有内在联系与互联网平台生态系统的集合与整体构成了平台经济。平台经济已经深度融入工业、零售、交通、物流、能源、金融等诸多领域，逐渐成为互联网产业发展和经济社会运行的主流模式，也是智能交通、智慧物流的重要载体。

平台经济的迅猛发展，与信息技术的驱动密切相关。从发展历程来看，平台模式并不是一种崭新的商业模式，传统的集市、线下中介等，均具备一定的平台属性。但是这种传统平台的发展，受到地域空间等诸多因素限制，影响力有限。随着大数据、云计算等信息技术的运用，平台模式不断迭代，平台经济发展迅猛。

从互联网与经济社会融合所涉及的领域来看，互联网平台已涌现出电子商务平台、社交平台、即时通信平台、搜索引擎平台、直播平台、出行平台、互联网金融平台、工业互联网平台等多个种类。从目前互联网平台的功能或属性来看，可以分为信息内容类平台、交易类平台、其他类平台三类。从互联网平台所涉及主体的关系来看，其又可以分为第三方平台、自营平台和混合型平台。本节对互联网平台经济的研究主要集中在对交通互联网平台——交通出行、电商物流及衍生业态的研究。衍生业态主要包括交通互联网平台派生和关联的交易结算、保险融资、社交娱乐、旅游休闲、人口管理、信用管理等。

一家公司的股票市值代表了市场和资本对这家公司的价值判断，是对公司现状和未来前景的综合评估，因而市值是一个非常好的考察视角和衡量指标。从过去三十年资本市场各行业市值的变化，可窥探各行业在历史进程中对经济社会贡献的变化。20世纪90年代全球资本市场市值最大的行业是金融行业，2000年电信行业的市值上升，之后是2010年的能源行业，当前是互联网行业。而在三十年的巨变中，微软公司由于实现了从软件企业向互联网平台企业的转型，其市值排名一直靠前。未来，互联网企业依旧会继续霸占榜单，而挤进榜单里的可能还会有人工智能行业，或是会带来新信息革命的行业。

表5-1　　2001年以来世界市值前10企业（市值单位：十亿美元）

排名	2001年	市值	2005年	市值	2010年	市值	2015年	市值	2019年	市值
1	通用电气	470	埃克森美孚	372	埃克森美孚	324	苹果	602	沙特阿美	1893
2	思科	305	通用电气	364	中国石油	277	谷歌	521	苹果	1288
3	埃克森美孚	287	微软	280	苹果	266	微软	434	微软	1200
4	辉瑞	263	花旗	239	巴西国家石油	222	埃克森美孚	322	谷歌	921
5	微软	263	英国石油	232	中国工商银行	217	亚马逊	317	亚马逊	920
6	沃尔玛	252	美国银行	209	微软	216	伯克希尔哈撒韦	317	脸书	585
7	花旗	251	荷兰皇家壳牌	211	中国移动	205	通用电气	304	阿里巴巴	571
8	沃达丰	227	沃尔玛	198	伯克希尔哈撒韦	205	强生	283	伯克希尔哈撒韦	552
9	英特尔	226	丰田	196	中国建设银行	205	富国银行	275	腾讯控股	487
10	荷兰皇家壳牌	205	俄罗斯天然气	196	必和必拓	205	摩根大通银行	239	摩根大通银行	430

在我国现在的独角兽企业中，大部分为互联网平台企业，如排名前三的蚂蚁金服为互联网金融服务企业、今日头条为互联网资讯服务企业、滴滴出行为互联网交通服务企业。

表5-2　　我国2019年独角兽企业排名前20榜单

公司名称	城市	创建时间	行业	估值（亿美元）
蚂蚁金服	杭州	2014年10月	金融科技	1500
今日头条	北京	2012年7月	文娱媒体	750
滴滴出行	北京	2012年7月	汽车交通	450
陆金所	上海	2011年9月	金融科技	380
饿了么+口碑	上海	2009年4月	本地生活	300
京东金融	北京	2013年7月	金融科技	205
菜鸟网络	杭州	2013年5月	物流	200
大疆科技	深圳	2006年11月	硬件	150

续表

公司名称	城市	创建时间	行业	估值（亿美元）
快手	北京	2011年3月	文娱媒体	150
京东物流	北京	2017年4月	物流	134
微众银行	深圳	2014年10月	金融科技	110
车好多（瓜子+毛豆）	北京	2012年9月	汽车交通	66
链家网	北京	2001年9月	房产服务	65
居然之家	北京	1999年2月	电子商务	57
微医集团	杭州	2010年3月	医疗健康	55
威马汽车	上海	2012年5月	汽车交通	50
优必选科技	深圳	2012年3月	硬件	50
WiFi万能钥匙	上海	2012年1月	工具软件	50
联影医疗	上海	2011年3月	医疗健康	50
比特大陆	北京	2013年10月	区块链	50

注：独角兽是风险投资行业术语，用来指估值超过10亿美元未完成IPO的初创企业。
数据来源：中国恒大研究院。

专栏 5-1

李克强总理会见采访十三届全国人大二次会议的中外记者并回答记者提出的问题（2019年3月15日）

"互联网+"、共享经济，也可以说是平台经济。它作为新事物，和任何新事物一样，在发展中总会有利有弊。但是总的看，它带动了就业，方便了群众，而且推动了相关产业的发展。像电商、快递、移动支付等，大家都有感受，众人做事，集众智集众力，众人共享。

对于这种新业态、新模式，不能简单任性，要么不管，要么管死。所以我们这几年一直采用的是包容审慎的原则。包容就是对新的事物，我们已知远远小于未知，要允许它发展，对发展中出现的问题加以纠正。所谓审慎监管，就是要划出安全的底线，也不允许打着"互联网+"、共享经济的招牌搞招摇撞骗。要给创业者提供一个能够成长的空间，给企业一个发展新动能的环境。在这个过程中，我们需要的是公平的准入、公正的监管。新事物在市场力量推动过程中，它本身要靠市场，要在市场竞争中优胜劣汰，政府也要进行公平公正监管。愉快和烦恼总是在成长当中相伴随，我们要做的就是引导他们健康成长。

其实，互联网经济、共享经济、平台经济还有很大发展空间。电商、快递对工业品下乡、农产品进城，可以进一步起到搞活流通的作用。在工业领域，推动工业互联网，可以把那些闲置的资源带动起来，而且促进技术创新。在社会领域，用武之地就更大了，像"互联网+医疗健康"、"+养老助幼"、"+教育"，可以联动许多方面，尤其是让偏远地区、农村的群众、家庭、孩子通过互联网能够享受优质的学校、医院，优秀的教师、医生资源，帮助他们解决实际的问题。这方面的例子就很多了，我看过不少"互联网+医疗诊断"、"+教育"的实例，这本身也在释放着市场的活力和社会的创造力。

作为世界第二大经济体，我国正经历着平台经济崛起。国内互联网领域龙头企业均是平台经济企业，其中百度是搜索平台、阿里巴巴是商务交易平台、腾讯是社交平台、美团是生活服务平台、字节跳动是娱乐休闲平台。这些互联网企业依托于各自的核心平台，向周边产业和业态扩展，均已深度涉足交通运输行业，在网约车、共享单车、地图导航等领域火拼角力，大多形成了"竞争垄断"的多寡头市场格局。其他互联网企业也提供了如出行旅游定制、订餐配送服务、旅游短租房等业务，突破原生行业限制，发展混业经营。依托丰富的一站式服务项目和用户黏度来开拓市场是"互联网+"业态的重要特点。

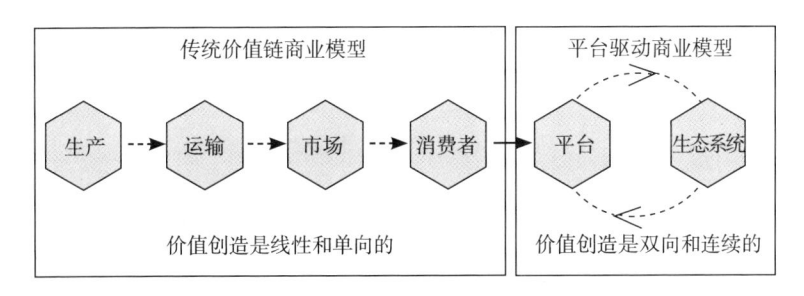

图5-1 传统价值链商业模型和平台驱动的商务模型

智能交通
高质量发展研究

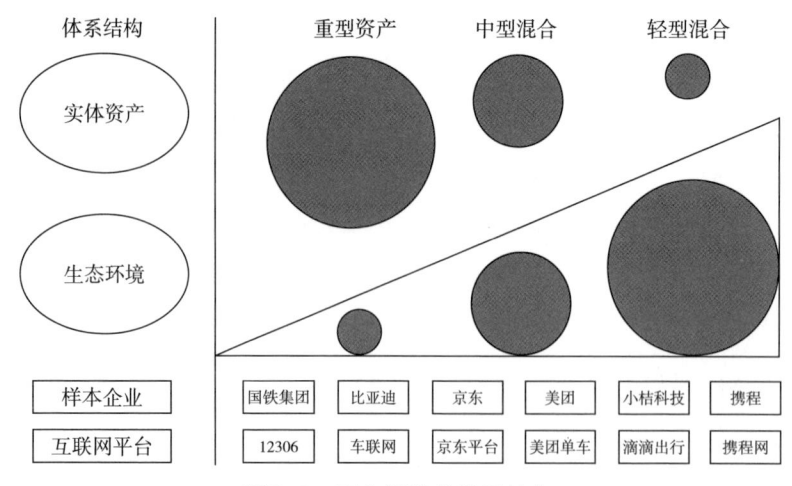

图5-2 平台经济的发展特点

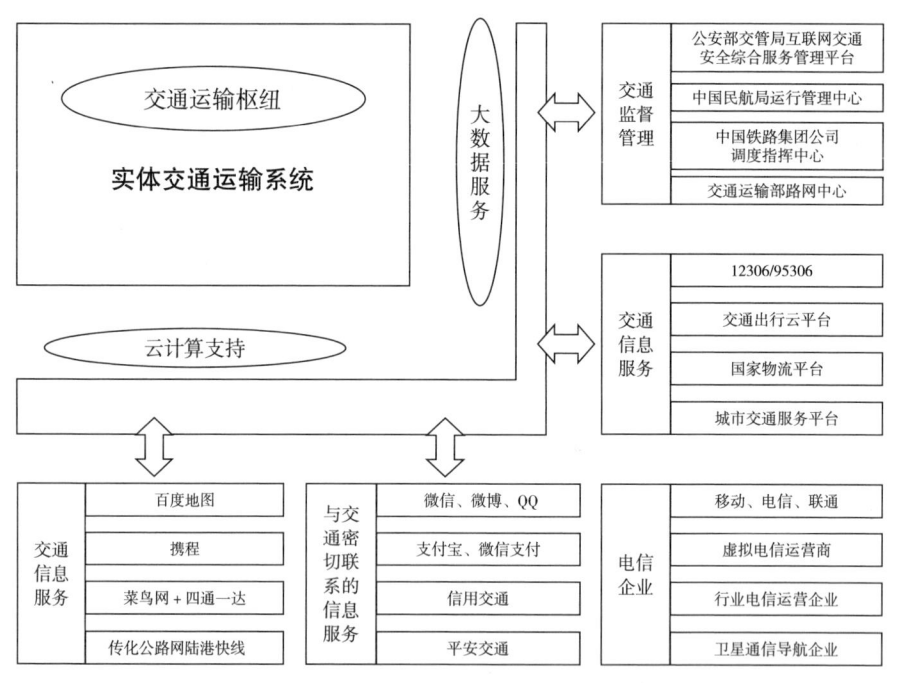

体系结构：实体资产、生态环境

重型资产、中型混合、轻型混合

样本企业	国铁集团	比亚迪	京东	美团	小桔科技	携程
互联网平台	12306	车联网	京东平台	美团单车	滴滴出行	携程网

图5-3 带有交通要素的信息枢纽和各类平台

实体交通运输系统（交通运输枢纽）——大数据服务——交通监督管理：公安部交管局互联网交通安全综合服务管理平台、中国民航局运行管理中心、中国铁路集团公司调度指挥中心、交通运输部路网中心

云计算支持——交通信息服务：12306/95306、交通出行云平台、国家物流平台、城市交通服务平台

交通信息服务：百度地图、携程、菜鸟网+四通一达、传化公路网陆港快线

与交通密切联系的信息服务：微信、微博、QQ；支付宝、微信支付；信用交通；平安交通

电信企业：移动、电信、联通；虚拟电信运营商；行业电信运营企业；卫星通信导航企业

专栏 5-2

典型城市交通互联网平台经济案例

杭州依托电商平台发展全国物流运输一体化，集中组织全国网络

零售物流快递业务

发展物流电商龙头企业，形成高度集中的网络零售市场格局

杭州市打破了传统交通枢纽纵横交叉的形成机制，依托电子商务竞争中的发展优势，结合商贸物流一体化发展，引领及带动电子商务企业集聚、网络服务企业聚集、创意设计企业聚集、包装配送服务企业聚集，以政策规划指导为牵引，进一步引领全国范围内网络平台资源配置，不断提升杭州作为区域乃至全国商贸流通中心城市的集聚和辐射能级。

由于互联网平台天然具有统一大市场、大流通的属性，使得任何人在任何地方、任何时间均可达成交易意向，实现进行物品交割，而对地理位置并无要求。只需要依托统一的"互联网+"交通枢纽，即可对全国的商品供应链、产品仓储配送、交通枢纽运行进行组织，完成交易和运输配送。

表5-3　　　　我国网络平台和社会消费品零售总额的情况　　　单位：亿元

年份	阿里巴巴中国零售平台GMV规模	中国网络零售市场交易规模	中国社会消费品零售总额	网络零售额占中国社会消费品零售总额比重
2012	9640	13205	214432.7	6.16%
2013	15420	18851	242842.8	7.76%
2014	22740	28211	271896.1	10.38%
2015	29500	38285	300930.8	12.72%
2016	35690	53288	332316.3	16.04%
2017	46350	75693*	366262	20.67%

数据来源：阿里巴巴。

注：2017年中国网络零售市场交易为预测值，GMV为网络平台总成交金额。

电子商务网络购物兴起后，小包装、多频次的包裹快递需求持续扩大，物流碎片化特征开始显现，传统物流企业很难高效应对形势发展。我国2016年网络零售额达到5.33万亿元，同比增长39%，快递包裹量增长超过50%。电商物流去实体中心化、虚拟组织集中化特征明显。电商零售兴起后，改变了流通领域商品批发市场过多过小过散的面貌，分销网点渠道过多，物流集散层次过多，信息不对称，成本过高的问题。

目前阿里巴巴已经超过沃尔玛成为全球最大的零售平台，其推行的"新零售"革命有可能对我国物流和零售体系造成深远影响。阿里巴巴是我国电商零售领域的龙头企业，杭州则是全国"互联网+"交通枢纽的中心之一，阿里巴巴平台对全球范围内的互联网零售订单进行处理，整合调动全国的物流货运基础设施、车辆装备和人员，通过"互联网+"交通枢纽进行统一的调度组织。阿里巴巴以推广应用物联网、云计算、大数据、人工智能、机器人、无线射频识别等先进技术，促进从上游供应商到下游销售商的全流程信息共享，提高供应链精益化管理水平。顺应零售流通全渠道变革和平台经济发展趋势，发展了与各产业协调联动的智慧物流生态体系。阿里巴巴平台依托网络技术实现对全国617个一级分拨中心，1万条干线、5万个末端网点的统一调度组织，大部分组织工作由位于杭州的阿里巴巴计算平台自动完成。

(亿元)

年份	阿里巴巴零售平台GMV规模（亿元）	中国网络零售市场交易规模（亿元）
2012	9640	13205
2013	15420	18851
2014	22740	28211
2015	29500	38285
2016	35690	53288
2017	46350	75693

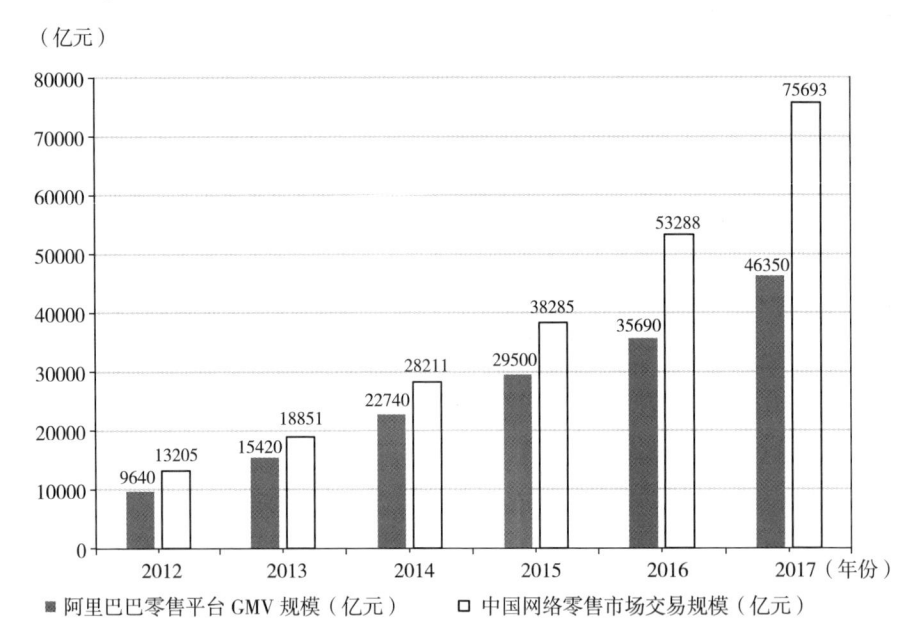

图5-4 阿里巴巴平台和我国网络零售市场交易规模

数据来源：阿里巴巴。

2016年中国社会消费品零售总额约33.23万亿元，2017年预计约36.65万亿元，增长约10.3%，阿里巴巴中国零售平台（包括淘宝和天猫）GMV（总成交金额）增速为社会消费品零售总额增速近3倍，2016年已经占中国社会消费品零售总额约10.7%。

三 枢纽经济与平台经济交相辉映，网络信息技术与交通运输全面融合

平台经济的优势在于集聚资源，将传统经济链条式的上中下游组织，重构为围绕平台的环形链条。平台将原本冗长的产业链弯曲成了环形，节省各个环节提高了产业效率。

从20世纪70年代起，信息通信领域的变革引起的技术革命和产业变革仍在持续不断发展。信息技术、新能源技术、新材料技术、生物技术等交叉融合正在引发新一轮科技革命和产业变革。尤其是基于信息技术、新能源技术和新材料技术等"三新"技术产生的工程科技、制造技术、服务管理技术突破，在交通运输领域融合运用，正显著改变世界交通运输的面貌。

随着网络信息技术进步，交通运输的发展将以信息化智能化为主要特征。自动驾驶汽车、超高速磁悬浮列车、无人机、无人配送车等新型交通运输工具的出现将会显著改变交通枢纽运输组织方式，传统的接送客组织、物流换装倒运形态会发生明显变化，个人出行和物流组织将呈现分散化、自组织的特点。铁路场站、民航机场、货运码头将主要服务中长途出行和大宗货物的运输，中短途的货运需求将会由互联网平台统一调度满足，由个性化、私人订制化、"门到门"的交通工具来承担主要运输任务。

第二节 互联网平台发展面临的挑战

一 利益分配问题

由于政策环境、发展历史的差异，我国的平台经济具有鲜明特点。一方面，数字平台的垄断性和控制力比要素提供方本身略胜一筹，因而它们在价值分配上占据主导地位。例如我国的物流行业的利润很大一部分要归属阿里巴巴、京东网等平台。另一方面，阿里巴巴平台对

"四通一达"等物流企业约束力也非常高，减少了物流行业生产者从平台经济中所能获得的利益。这不仅有可能伤害创新活力，同时也减少了个体生产者从平台经济中所能获得的相应收益。当前需要保证平台经济所创造的巨大价值为全社会公平享有，而不被少数平台所占据，应该让创造的价值为平台和平台上的生产者所分享。

二 就业保障问题

信息网络技术赋予各种职业更大的灵活性，新的职业边界逐渐形成，信息经济融合渗透促进就业结构变化。同时，信息技术发展降低了信息不对称性，促进了供需对接，增加了就业匹配的可能性，促进了按需就业、按兴趣就业、按时间就业等多种灵活就业方式的兴起。另外，中国较为充沛的劳动力人口以及庞大的服务业市场，促使平台经济迅速扩张至新领域。出行、外卖、物流、医疗、个人服务，数字平台在各个细分领域不断出现，劳动人口正逐渐从产业工人转变为平台经济下的"不稳定生产者"。服务质量的规制固然是挑战之一，但对于经济的可持续增长而言，更重要的问题还在于如何为劳动者提供合适的社会保障使之具备抵御不确定风险的能力，进而获得有尊严、可持续的生活水准。

三 监督管理困境

信息平台的发展伴生出监管技术能力不匹配、监管手段缺乏、监管强度不易掌控等问题，由于平台企业涉及的产业边界不清晰导致相关管制部门对平台的本质属性辨识不清，也造成了政府管理者的监管困境。用常规的政策法规，来规制平台企业发展导致"张冠李戴"，甚至会中断或改变企业经营，不利于平台经济的可持续发展；相关管制部门对双边市场垄断的判定缺乏依据。以市场垄断来看，平台经济反垄断的特殊性源自平台企业定价策略的特殊性，对具有双边市场特征的平台企业进行管制，不能简单套用传统的单边市场的政府管制理论，陷入"一损俱损"的发展困境。

此外，现有监管体系是建立在传统产业分立基础上的，针对不同传统部门的特性专门设计监管内容及方式，由不同的机构部委负责具体实施，形成多重管制框架。而信息平台业务范围常常涉及多个产业，现有监管体系下易引发多重管制导致内部扯皮和碎片化管理现象，也会降低政府部门的监管效率。

第三节 依托互联网平台运输组织和基础设施优化提升的方式

一 优化交通互联网平台发展的软硬件环境

（一）打造"物—网—云—端"一体化的硬件环境

1. 实现基本要素数字物联化

全面实现交通运输基础设施、运载装备、经营业户、从业人员等基本要素的数字化，以及交通基本要素信息的汇聚、开放、共享、互认。基本实现交通基本要素信息在"部委—省厅"两级数据中心的汇聚。利用各类传感设备，通过无线网络，收集交通运输系统运行、操作产生的各种数据，并通过网络收集各分立单位的数据，从而形成体系化的数据集。作为最基础数据获取方式，无线传感网络是构建虚拟信息枢纽的重要条件。

2. 建设高速泛在安全的宽带传输网络

重点加强实体交通枢纽和虚拟信息枢纽的宽带网络布局。进一步拓展光纤宽带和第四代移动通信（4G）网络覆盖的深度和广度，促进网络间互联互通。按照优化架构、提升容量、智能调度、高效可靠的思路，推进骨干网建设；按照高速传送、综合承载、智能感知、安全可控的思路，推进城域网建设；按照高速接入、广泛覆盖、多种手段、因地制宜的思路，推进接入网建设。加快第五代移动通信（5G）标准研究、技术试验和产业推进，将5G技术在国家重要枢纽城市商用,推动枢纽场站全基础电信运营商网络覆盖。发展LTE-V、DSRC、LTE-R、5G-V等交通运输专用通信网络,提升交通运输系统的信息传输效率、提升信息安全水平,拓展枢纽的功能,提升对枢纽经济的保障水平。与国际同步建设海事卫星、搜救卫星系统,基本形成天地一体、全球覆盖的交通运输信息化基础通信信息网络。

3. 建设云计算平台和大数据仓库

云计算平台通过无处不在的高速网络为交通运输系统提供服务,虚拟信息枢纽的使用者可以在任何连接网络的环境下实时操控平台,提供数据处理的计算服务,将汇聚来的数据整合处理,支持系统的高效运作和保持无差错状态。云计算平台为移动终端提供各类个性化服务。交通运输系统运行会产生大量的运行状态以及操作指令信息,交通供需的历史数据也是数据,虚拟信息枢纽应建立大数据仓库,存储这一系列的数据,并进行深度挖掘。运用大数据分析技术,开展交通运输经济运行分析、政策实施效果评价、交通发展趋势研判等分析工作,提高对交通运输宏观掌控能力。充分利用交通运输运行状态数据,开展交通运输运行状态预测预警、趋势分析,并及时向社会发布,增强交通运输运行管理的预见性、主动性和协同性。

4. 大力普及智能移动终端

推动部署于人、车、路、船的各种形态移动终端的演进发展,将移动终端作为本地—云计算一体的强大装置,打造获取交通运输信息的重要来源和发布信息的重要平台。大力部署移动端北斗卫星系统用户段终端部署,依托全天候、全天时的定位、测速、授时、广域差分和短报文通信服务,提升实体枢纽信息获取能力,提升面向用户的服务水平。

(二)"泛在、高效、安全"的管理和服务平台软件环境

1."分散自律—调度指挥和控制集中"的交通管理平台

完善交通管理平台,提升交通运输系统的组织性。形成全国大交通调度控制一张网和城市交通指挥调度一张网,依托综合交通枢纽,建立覆盖"铁路—公路—水路—民航—城市交通"全运输方式,实现"高度自组织"、"分散自律–调度指挥和控制集中"和"高度集中指挥调度"

等运行控制模式相结合的交通管理平台。

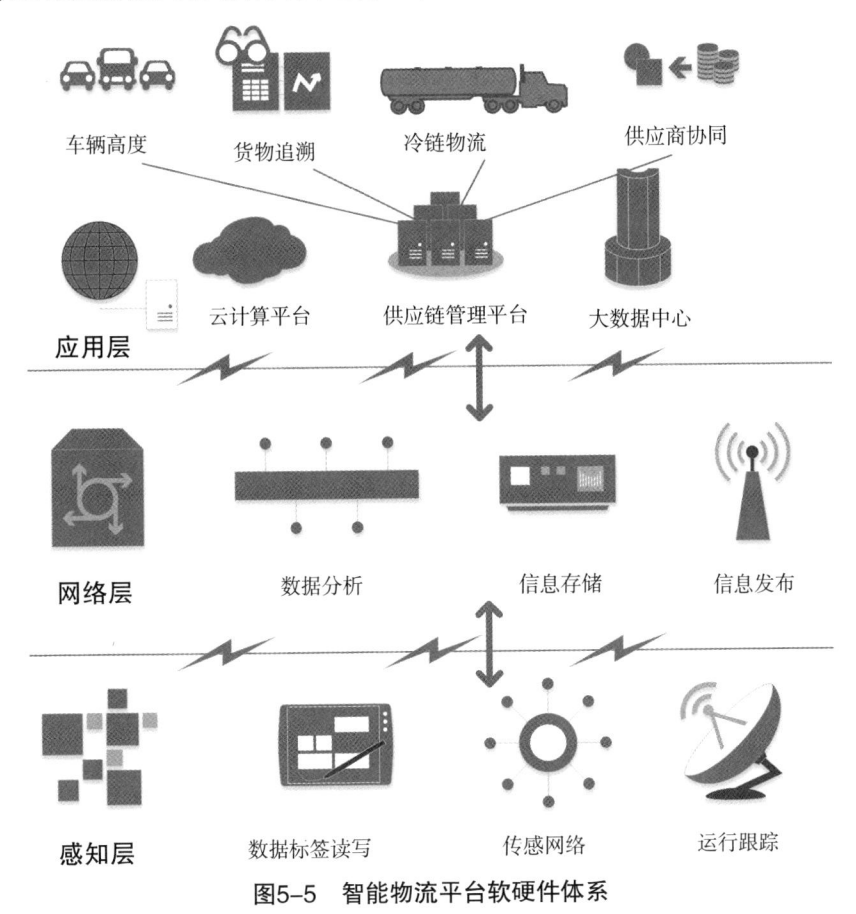

图5-5 智能物流平台软硬件体系

2."快捷高效—智能共享"的交通运输服务平台

依托国家电子政务外网、国家数据共享交换平台、中国电子口岸、国家交通运输物流公共信息平台等，建设承载"一单制""一票制"的交通运输服务平台。依托人流信息和物流信息在服务平台上高速流转，建立完善的运输服务体系，实现人畅其行，货畅其流。

3."实时响应—快速应对"交通应急处置平台

建立覆盖全国交通运输基础设施、运载工具的监控设施。针对事故多发的路段和航段，强化视频监控和告警措施的部署。构建覆盖全国的交通运输应急响应系统，对交通运输系统内的各类突发事件实现"实时响应—快速应对"。

二 依托交通互联网平台重构城市交通运行模式

依托交通互联网平台，显著改变城市交通的运行模式。充分利用互联网平台实现对交通运输资源的高效配置，改变以往交通换乘换装只能集中在少数城市枢纽站点的模式。依托网络信息技术，增强公共交通和长途运输的客流物流组织的灵活性，实现旅客上下车点订制化、一站直达化，物流运输门到门化。推动交通信息集聚化、运输组织调度集中化、实体客流物流的离散化分布化。使中长途客流物流向实体交通枢纽适度集中，中短途客流物流由"门到门"平台自组织运行，充分利用交通运输基础设施、高效配置交通运输能力。

依托互联网平台打破以往城市公共服务供给结构中信息流通壁垒，将互联网平台与交通运输服务深度融合和有效对接，改善政府与公众交流以往自上而下、自下而上两方向信息传递中"层层衰减"问题，打破服务供给的时空限制，以网络化组织将互联网中各区域的人与人之间、人与物之间、物与物之间实现全面互联互通，有效地缩短了供给路径、供给时间。

三 提高平台辐射势能，重构交通运输供给需求匹配和经济要素集聚模式

利用互联网平台实现公路运输网与铁路货站、海港、空港进行信息互联互通，从而形成一张覆盖全国的多式联运基础设施网络，创新的业务运营模式，高效实现多种运输方式的整合，集聚运力资源，减少货车空返率，从根本上降低物流和制造业的运输成本，以多式联运的新动能助力区域经济转型升级。进一步发挥交通枢纽功能，促进平台经济由上游驱动转向上下游联动发展。由传统的交通运输平台聚集交通运输信息、降低消费者的搜寻和比较成本，向打通上下游渠道、匹配上游资源与下游客户和组织经济要素资源功能转变。推动交通枢纽向集聚城市资源和经济要素的经济枢纽演进。

四 利用互联网赋能交通枢纽新型城市综合体多重功能

随着大数据、人工智能等先进技术发展，传统交易流通方式迎来创新发展机遇，平台发展也由信息服务商向交易市场转变，使互联网平台由"虚"到"实"，交通枢纽与互联网平台的结合为交通运输高效运转和线上线下一体融合提供了支撑。互联网平台赋予交通枢纽信息资源整合、人流物流组织服务、商贸流通等多项功能。在出行平台、物流平台、电子商务相结合的基础上，构建基于平台经济的全过程信用网络体系，充分保障商流、物流、资金流、信息流的高效、安全、稳定运行。

专栏 5-3

传化公路港智联平台赋能城市综合体

传化公路港利用网络信息技术整合人、货、车，是交通物流三大要素，实现物流、信息流、资金流"三流合一"，构建"物流＋互联网＋金融"三层级生态圈，打造"一港三区"的物流特色小镇，集成物流功能区、信息金融功能区、综合配套功能区，实现交通枢纽和虚拟网络枢纽线上线下一体融合发展。传化公路港实现全国传化物流"10枢纽160基地"的信息互联互通，线上集聚10余万辆运力、30余万货运司机。利用传化物流平台4小时内即可实现物流配货、议价、支付等所有环节，缩减时间成本。传化智联平台有效填补了中国公路运输信息指挥系统的空白，提升公路物流运行效率。

第四节　交通互联网平台组织创新应用政策建议和保障措施

一　加强组织协调促进交通互联网平台发展

随着平台经济发展不断深入，要求正确认识需求碎片化趋势与新兴业态价值贡献，多行业、多部门资源、职能有机结合，引领市场规范有序发展。当前交通服务监管面临职能转变、发展转型、管理转轨的重大机遇和挑战。智能交通和智慧物流推动构建全新服务生态圈，形成跨界融合产业链，全面转型升级。在此背景下，强化跨方式、跨行业、跨部门、跨区域基础信息资源的大范围整合，促进互联互通与共享开发，加强交通互联网平台统筹建设，重点打造国家综合交通运输信息平台、交通运输物流公共信息平台，实现功能完善、公众体验、及时交互的公共信息服务深度融合尤为重要。打破行业、部门数据壁垒，营造和谐、共享的开放环境，真正实现互联网数据的共享交换。挖掘大数据资源，完善公众广泛参与和政府资源开放体制机制，重构线上到线下运输服务组织模式创新体系，创新法规制度、互联网平台服务政策。

专栏 5-4

国家综合交通运输信息平台

交通运输部于 2017 年启动了国家综合交通运输信息平台建设，国家综合交通运输信息平台主要实现对各种运输方式寄出设施规划、计划、建设进展及其总体运行情况的数字化、图形化、全景化掌控。实现动态运行监测、运行异常预警联动、应急处置指挥、安全生产监管等功能。

国家综合交通运输信息平台建设以"深化纵向、强化横向"为原则，形成"五大功能，六个统一"的建设总体框架。

在纵向上，以决策支持与评价、调度与应急指挥、政务办公管理与服务、信息资源共享与开放、网络安全与运维保障为重点，形成清晰的业务体系，为交通运输部政务信息系统功能建设提供技术指导，为实现现代信息技术与交通运输管理决策的深度融合提供支撑。在横向上，以统一门户入口、统一地图服务、统一信息资源、统一寄出条件、统一安全防控、统一标准规范为核心，提出明确的技术要求为各类信息系统建设提供统一的指导，进一步统筹行业信息化建设，提高信息系统使用效能。

二 规划引领互联网平台发展

明确现阶段互联网平台共享整合、有机聚集的本质特征，推进多种终端平台相互结合，提供服务，实现信息服务普适性。充分利用经济、行政、法律手段，建立运行动态监测机制、风险评估机制，政策匹配及时，防范多元发展风险。同时，强化互联网平台经济发展背景下智能交通在国家信息化、智能化战略体系中的地位。统筹规划数据服务支撑，加快建设交通服务领域数据采集系统、运载工具和基础设施实时监控系统、网络传输与安全支撑系统以及信息存储、处理与综合控制系统等信息基础设施建设。明确互联网平台转型升级需求，加快推动智慧客运、智慧物流系统的顶层设计和统筹建设，以顶层设计引领传统交通产业加快转型升级。通过有序规划引领，充分保障交通运输发展新阶段个性化、多样化、柔性化、一体化、高品质需求满足，降本增效、节能减排潜力释放，交通运输服务新业态新模式健康生长。

坚持政府引导、市场主导的原则。转变政府市场监管的传统思维模式与规制方式，主动适应、有序引导新的服务模式变革与创新，在顶层设计中确立联程联运主导战略和智能交通支撑战略。重构互联网平台服务供给体系，重构线上到线下运输服务组织模式创新体系，创新法规制度和平台服务政策。

三 丰富资金保障方式优化互联网平台发展

深入分析互联网平台发展痛点，调整完善财政扶持、投融资政策。适时根据城市发展情况，以前瞻性发展为原则，适当提升互联网平台资金保障优先级，提升相关发展加大中央预算内投资、专项建设基金等资金对互联网平台发展的支持力度。创新融资理念、政策，充分发挥政府各类创业投资引导基金和产业投资基金作用，加强重点领域资金投入，对符合互联网平台新业态新模式的新企业给予支持，保障新生业态发展。通过相关政策引导，优化社会资金、资源等要素投向，采取产业投资基金等多种方式支持互联网平台重点领域建设发展，并在发展中持续优化社会资本投资融合，真正做到促进互联网平台服务领域的大众创业和万众创新。

专栏 5-5

交通运输物流公共信息平台发展情况

2013年11月，交通运输部印发了《交通运输物流公共信息平台建设纲要》《交通运输物流公共信息平台国家级行业管理系统建设方案》《交通运输物流公共信息平台区域交换节点建设指南》等三个文件，制定了交通运输物流公共信息平台建设的"1+32+nX"的战略框架，即1个国家级平台，32个省级平台，若干个物流园区。根据交通运输部的规划指导，浙江省交通运输厅先行先试，成功试点了"浙江省交通运输物流公共信息共享平台"，交通运输部以浙江省平台试点示范项目为基础，于2012年9月将浙江省交通运输物流公共信息共享平台上升为国家级交通运输物流公共信息平台，并组织各省级交通运输主管部门加快推动交通运输物流公共信息平台建设。2016年，湖北省交通运输厅正式启动了省级交通运输物流公共信息平台建设研究工作。

2017年，交通运输部明确国家物流信息平台建设机制由原来的"部省共建，以省为主"调整为"部省共建，以部为主"建设模式。浙江省交通运输厅与中国交通通信信息中心于2018年8月达成了交接意向。作为代表交通运输部承接国家物流信息平台建设发展任务的中国交通通信信息中心明确新平台落地温州。2019年1月，国家综合物流信息平台管理中心在温州落地并正式揭牌。2019年3月，中国交通通信信息中心与浙江省交通运输厅在杭州签署平台交接工作协议标志着国家交通运输物流公共信息平台正式交由中国交通通信信息中心代表交通运输部管理。

四 尽快出台涉及交通运输领域新业态市场准入负面清单

落实"放管服"改革的总体部署，按照包容审慎的原则，适度优化调整监管策略，彻底改变传统牌照式的前置管理思维，尽快出台涉及交通运输领域的互联网市场准入负面清单，列明一批在我国境内互联网领域涉及的禁止和限制投资经营的市场准入事项，公平对待以交通互联网平台为代表的交通新业态、新消费。加快交通领域征信体系建设，推进各信用信息平台无缝对接，加强交通信用记录、风险预警、违法失信行为等信息的在线披露和共享。密切关注交通新业态发展状况，实施"包容审慎"的监管原则，加快立法进程、填补"无法可依"的行业空白，处罚不正当竞争行为，坚持鼓励创新的原则，切实保护知识产权。坚持以虚拟经济带动实体经济的原则，为实体经济创造新需求，保障社会就业。

第六章 智慧信息网络新型基础设施

我国需全面加快新型信息基础设施布局成网，以新型基础设施为引领培育经济增长新动能，以发展智能交通为抓手发展融合型新型基础设施，将新型基础设施打造为经济高质量发展的重要引擎。

第一节 信息网络新型基础设施发展背景和形势

一 新型基础设施的内涵和外延

新型基础设施是以创新驱动为引领，以信息网络为基础，优化资源要素组织配置，承载经济社会新供给新需求，支撑数字转型、优化升级、融合创新等服务的基础设施体系。智慧信息网络是重要的新型基础设施。

专栏6-1

国家发改委高技术产业司对新型基础设施的界定

新型基础设施主要包括三个方面内容：

信息基础设施。主要是指基于新一代信息技术演化生成的基础设施。比如，以5G、物联网、工业互联网、卫星互联网为代表的通信网络基础设施，以人工智能、云计算、区块链等为代表的新技术基础设施，以数据中心、智能计算中心为代表的算力基础设施等。

融合基础设施。主要是指深度应用互联网、大数据、人工智能等技术，支撑传统基础设施转型升级，进而形成的融合基础设施，比如，智能交通基础设施、智慧能源基础设施等。

创新基础设施。主要是指支撑科学研究、技术开发、产品研制的具有公益属性的基础设施。比如，重大科技基础设施、科教基础设施、产业技术创新基础设施等。

新型基础设施是世界科技革命和产业变革的产物，是国际产业演进的风向标和高质量发展的标的物。我国拥有世界上最完备的新型基础设施产业体系，内生循环能力较强，自主发展演进可行性较高。新型基础设施较传统基础设施领域，产业链较长，技术、资本等要素密集，装备和设施附加值较高，技术和模式更新迭代较快、后期运营链条较长，衍生服务生态环境较为复杂，运营管理难度显著提升。

当前，新型基础设施全面布局目前仍受商业模式待完善、应用场景待落地、传统投资模式不适应、国际国内供应链不畅通等因素制约，需推动新型基础设施形成全链条良性循环发展，促进新型和传统基础设施、数字经济和传统产业融合发展，推进重点区域、关键行业优先布局，切实解决新型基础设施建设的资金困境，保障国际国内供应链畅通。

二　新型基础设施的发展形势

面对后疫情时代国内国际复杂形势和较大的经济下行压力，党中央、国务院为推动经济高质量发展、满足人民群众需求，提出了把"两新一重"（新型基础设施、新型城镇化、重大工程）作为投资重点，尤其把新型基础设施发展放在首位，强调"以一业带百业"。新型基础设施发展条件趋于成熟大规模布局亟待开启。新型基础设施包括5G、数据中心、车联网、工业互联网、物联网等，正日益成为经济社会转型发展的战略基石。新型基础设施建设，兼具创新引领、投资拉动、服务品质提升效用，有助于我国把控新型基础设施全球价值链，构筑新一轮产业革命下全球综合竞争优势。目前，国际电信联盟（ITU）已基本确定5G R16标准，我国即将进入5G独立组网模式（SA）建设阶段。独立组网模式下，需大规模新建无线基站和重构核心网、回传链路，移动宽带网络建设投资较4G时期有望提升50%以上。同时，全国数据中心机架总体规模有望保持20%以上增长规模。车联网、工业互联网等应用场景也逐渐成熟。各类融合型、创新型基础设施建设已经全面启动，新型基础设施发展方兴未艾。

第二节　信息网络基础设施等新型基础设施的发展和建设

一　新型基础设施发展条件趋于成熟，投资乘数效应显著

（一）短期来看，推动新型基础设施建设有助于对冲疫情对国内经济下行和中资跨国企业境外业务萎缩的负面影响

2020年新冠肺炎疫情全球扩散导致世界范围生产和消费受到严重影响。此次疫情对全球经济的负面影响预计还会长期持续，将重创我国进出口贸易。我国网络通信设备出口量常年居全球第一，疫情将导致行业内中资跨国企业的出口订单或海外业务短期内大幅缩水，人工、租金、财务费用等刚性成本将对企业形成巨大压力，中小供应链配套企业甚至面临生存危机，加大经济下行和大规模失业风险。

我国是国际上信息通信产业链最为完备的国家，生产制造受国外影响相对较少。5G建设实施初期，电信运营商的网络设施建设投资将显著拉动用户购买新型移动终端（如5G手机）、流量消费及各类信息服务的支出。优先和提前建设国内的5G等新型基础设施，有利于回补国际市场萎缩份额，有利于对冲国际市场负面影响，缓解中小企业生存困境。对于大型企业而言，可提早布局抢占市场转危为机，积累新型基础设施布局和运营经验，为扩张国际市场甚至收购海外资产奠定

基础。

（二）中长期来看，新型基础设施建设增量创造效益明显，存量优化空间巨大

新型基础设施产业链长，投资回报率较高、乘数效应十分显著，有利于创造数字经济发展增量。据测算，5G投资和经济产出比例可达到1∶6。包括通信、软件、电商、信息服务等产业在内的数字经济是我国过去十年经济增长新动能的重要来源，数字经济总量占同期国内生产总值比重快速增长，目前已超过1/3。数字新经济的发展更高度依赖于以互联网为代表的"云－网－端"新型基础设施。新型基础设施通过引领生产和生活方式的变革，将继续推动智能终端、电商、娱乐、信息安全等产业繁荣，提高其在经济总量中的占比。

新型基础设施对传统产业进行升级改造具有较大的溢出效应。新型基础设施与能源、交通、医疗等传统基础设施相结合，具有较好的正外部性，能够显著提升产业发展效率，创造新的经济效益。如新型基础设施与交通运输行业相结合，产生智能交通融合型智能交通基础设施。推动智能交通发展，加强车联网布局，有利于提升路网的运行能力和服务水平，同时为智能驾驶、自动驾驶等发展创造新型应用场景，可推动上下游产业链投资布局。

二 推动新型基础设施建设面临诸多挑战

（一）5G等信息基础设施建设对投资直接拉动作用较为有限

3G、4G建设时代，我国电信业基础设施固定资产投资保持在3000亿—4500亿元（含骨干网、城域网、固定宽带网接入网、移动宽带接入网、国际通信网和应用基础设施等）。移动宽带接入网络（含4G/5G）投资占电信业投资比重不断提升，2019年移动宽带网络投资约为1735亿元，占比为47.3%。数据中心等应用基础设施占比约为10%。

与传统交通运输基础设施相比，新型基础设施短期投资规模偏小，但具有投资边际效益明显、中长期效益显著、投资乘数效应大的特征。据我国基础电信企业的资本开支预算，我国 2020 年 5G 网络设施建设投资约为 2000 亿元，电信业资本开支有望达到 4000 亿元，投资额较 2019 年提升超过 10%，而 5G 等新型基础设施投资产出比可达 1∶6，新型基础设施加速成网有利于"一业带百业"，带动各领域创新发展，创造新供给、拉动新消费的中长期效益非常显著。

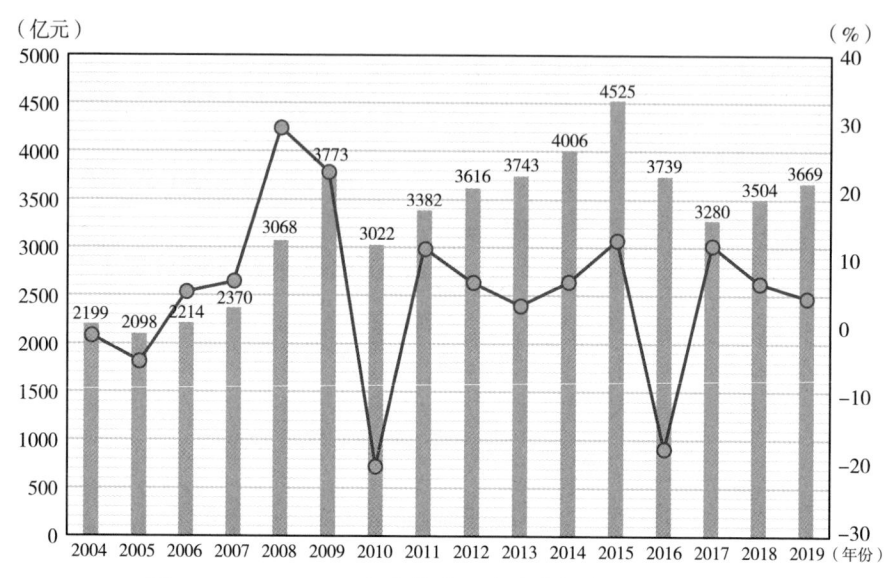

图6-1 2004—2019年电信业固定资产投资总额及增长率

数据来源：工业和信息化部。

预计从 2020 年到 2025 年，我国 5G 移动宽带接入网络总投资额可达到 1.5 万亿元，将是 4G 网络的 2—3 倍，年均投资规模为 2000 亿—3000 亿元。通信业整体固定资产投资规模有望达到 5000 亿—6000 亿元/年，仅占全国固定资产投资比重 1%—2%。5G 网络甚至通信业建设对固定资产投资拉动作用较为有限，更多收益体现在产业链拉动和后期运营服务上。

（二）电信运营商可能面临资本开支困境，新型基础设施投资规模受限

我国的电信业投资主要由电信、联通、移动等基础电信企业承

担，行业用户在回收投资的商业模式尚不明确时参与投资意愿不高。基础电信企业同时也是新型基础设施的最重要运营主体，主要采用"量入为出"的三年滚动规划的模式，根据前一年收入和利润情况来确定下一年网络规划建设规模。近年来我国持续推进网络提速降费，刺激流量依赖的场景需求高速增长，有力促进了数字经济发展，培育了互联网社会的生产消费习惯。但受到用户规模见顶和行业价格竞争因素影响，我国基础电信企业收入增长趋势持续放缓，流量管道贬值明显，也制约了其资本开支规模。同时，5G整体建网成本将是4G的2倍以上，基站供电运营费用也将大幅提升2—3倍，单纯靠出售用户流量无法支撑正常盈利健康运营，直接影响基础电信企业组网意愿。

同时，政府对网络信息设施建设补助相对有限，主要通过产业基金、电信普遍服务中央财政补助资金等方式进行支持，重点支撑非盈利性设施建设。数据中心存量设施规模偏大，投资回报率也相对偏低。如需大规模推动5G、数据中心等新型基础设施建设，当前基础电信企业可能面临资金短缺问题。

（三）受国际国内疫情影响，新型基础设施相关产业供应链存在断裂风险

受疫情影响，我国今年的信息通信基础设施的规划建设出现了不同程度的延迟，用户开拓进展受到了一定制约，部分龙头企业仍未全面复工达产，整体产业链的生产制造节奏变慢。受影响最大的企业主要集中在产业链上游，如射频元器件、芯片、封装等环节均存在供给困难。美国对我国华为等重点企业制裁加剧了供应链困难。部分关键零部件供应商，包括印制电路板和光纤供应商多位于湖北武汉等地，2020年上半年断链影响非常明显。随着疫情在全球范围蔓延，国内进口海外中间品和上游原材料的影响将逐步显现，国际产业链供给成本显著上升、可靠性明显下降，对国际产业链依存度较高企业将受到较大影响。

三　将新型基础设施建设作为逆周期调节重要手段，保障资金融通、供应链畅通

（一）扩大新型基础设施建设规模，提供多渠道资金支持

将新型基础设施建设作为逆周期调节的重要手段，加快新型基础设施投资，对冲经济下行和就业风险。推动基础电信企业上调资本开支预算，提升招标总量扩大建设规模。支持各运营商 5G 网络之间实现异网漫游，协同组网减少网络覆盖盲点，尽快形成规模效益。同时推动国家及相关部门在政策引导、资金扶持、税收优惠等方面对基础电信企业予以支持。重点引进产业链下游互联网行业社会资本投资新型基础设施建设，构建网络运营商、设备商、内容提供商生态良性循环。保障融资渠道畅通、便捷，助力基础电信企业资本开支显著提升。

（二）加强新型基础设施网络与经济社会融合推进，培育丰富应用场景，发挥乘数效应

依托新型基础设施部署应用，推动电力、医疗、水利、公路、铁路、港口等基础设施的数字化、网络化、智能化改造，促进传统基础设施服务能力提升，推进经济社会数字化转型。拓展新型移动终端、流量消费及各类信息服务消费，发挥新型基础设施投资乘数效应。此外，依托 5G 独立组网模式建设，拓展网络切片、边缘计算等新应用场景。

（三）实施差异化推进模式瞄准重点地区关键行业加快推进

优先在我国的重点城市群、都市圈中心城市实现 5G 网络全面覆盖，加快在市、县推广布局 5G 通信网络。继续开展电信普遍服务，利用"4G+5G"混合组网的方式推动农村地区、偏远地区的网络覆盖。逐步提升 5G 独立组网模式建设占比，支撑 5G 独立组网和非独立组网模式协同运营。力争全国 5G 覆盖率到 2025 年达到 80%。支持利用 5G 技术对有线电视网络进行改造升级，实现居民家庭有线无线交互。

（四）推动行业龙头企业复工复产保障国际国内供应链畅通

推动信息通信装备制造龙头企业复工达产，加强上游零部件重点供应链保障，深化供应链组织协作，保障物流运输网络的完整性，着力提高进口关键产品的通关便利化水平。针对关键零部件和产品可能存在的断供风险，开辟国内和国际货运绿色通道，全力保证供应链安全。面向重点企业复工复产后的物流难题，做好应急货运保障预案。充分依赖国内循环保障供应链安全。

第三节 创新发展交通运输新型基础设施

运用乘数思维、协同思维、链圈思维、国际思维等新思维，客观审视新型和传统基础设施发展路径和模式差异，全局谋划交通运输新型基础设施发展势在必行。交通运输是新型基础设施融合发展需求最迫切、创新最活跃、应用最广泛、辐射带动作用最大的领域之一，交通运输新型基础设施是现代化综合交通运输体系的重要组成部分，也是建设交通强国的战略基石。发展新型基础设施有利于推动交通运输全面转型升级和融合创新，有利于孕育新一代交通运输基础设施网络。在当前形势下，精准发力、协同推进交通运输新型基础设施发展，既惠当前——扎实推进"六保"工作，又利长远——抢筑后疫情时代国际产业格局重构的新优势。

当前，党中央、国务院根据国内外形势做出了"着眼国内需求，以应用为导向，积极拓展新型基础设施应用场景，适应群众数字消费新需求，促进车联网、智慧城市等应用"的重要部署。交通运输是新型基础设施创新应用的"重要平台"和"基础本底"，如何看待交通运输新型基础设施发展的潜力和作用，应对新型基础设施发展的形势和挑战，找准交通运输新型基础设施建设的发力点，是当前决策部门亟待明确的议题。

一　客观审视新型基础设施的拉动效应，全局看待交通运输新基建的推动作用

（一）供需拉动"乘数思维"——从投资边际效益、中长期收益来审视新型基础设施发展

交通运输新型基础设施应用场景丰富、资金需求量大、投资乘数效应高，仅车联网（V2X）行业就具备万亿市场潜力。在当前国内外疫情形势下，发展交通运输新型基础设施，可应对后疫情时代经济下行挑战，有效对冲国际市场萎缩，激发国内投资和消费潜力。

（二）行业联动"协同思维"——从融合提升基础设施发展质量、增强交通系统韧性审视新型基础设施发展

新型基础设施需基于应用场景协同布局才能充分发挥功效。交通运输是新型基础设施融合应用的重要领域，也是对数字化智慧化转型发展具有迫切需求的重要行业。新型与传统、存量与增量交通运输基础设施密切结合，可显著提升交通运输的运行效率、增强系统的韧性，构建适应数字经济和智慧社会发展需求、满足交通强国建设要求的基础设施体系。建设新型基础设施有利于打造基础设施融合发展平台，推动交通、能源、信息等行业融合发展，催生基础设施跨领域发展新空间。

（三）产业融通"链圈思维"——从打造新型产业链、培育新型产业生态环境审视新型基础设施发展

交通运输新型基础设施需构建在精密运行的产业链条、高度发达的生态圈之上。推动交通运输新型基础设施发展，有利于拓展行业固定资产投资新领域，延长交通运输产业链，密切上下游企业业务联系，创造新型基础设施运营体系，形成新业态、新模式、新产业、新消费，打造经济新增长点，构建参与者互促共赢的生态圈。

（四）市场竞争"国际思维"——从顺应国际产业变革、后疫情时代全球产业格局重构审视新型基础设施发展

在国际疫情仍然严峻的情况下，加快发展交通运输新型基础设施，可以扩大和提高相关行业全球领先优势，为后疫情时代拓展全球市场积累建设和运营经验。国际恢复生产需求迫切为我国引进新型基础设施关键技术和装备、收购国际优质资产带来了新的市场机遇。发展新型基础设施有利于抢筑全球产业格局重构下的经济发展新优势，开启高质量对外开放新篇章。

二 发展交通运输新型基础设施面临的形势和挑战

（一）交通运输新型基础设施顶层设计尚不完善

交通运输新型基础设施发展缺乏统筹，多部门管理职能仍存在较多交叉，亟待出台具有统筹作用的基础设施发展规划，而交通运输新型基础设施顶层设计存在空白，智能交通基础设施规划体系有待扩展优化。支撑交通运输新型基础设施发展的空间廊道资源、无线频谱资源、数据应用资源、财政预算资金等要素资源配置尚不完善。跨行业基础设施资源共享共用程度不高，前期建设和后期运营机制仍不健全。如我国缺乏车联网发展的统筹布局，C-V2X标准未全面应用，公路工程自动驾驶技术规范尚不确定，大量车联网项目仍停留在试点示范、零敲碎打的层面，功效不彰。

（二）交通运输新型基础设施应用场景不明确

新型基础设施的布局需与应用场景高度结合才能充分发挥功效，目前，交通运输新型基础设施技术路径呈现多径化、多元化，车联网和自动驾驶等行业演进路径仍存在一定不确定性，需要在国家层面明确应用场景。部分网络信息和智能化基础设施因不能与需求充分对接，直接影响功效发挥，导致了如海量交通运输数据未充分盘活、交通运

输平台不能互联互通、网络设施缺乏维护管理、本地化应用严重不足等问题。我国具有世界最大的综合交通运输网络，存量基础设施与日俱增，交通运输基础设施发展即将由建设高峰期跨入运营维护高峰期，利用新型基础设施建设，推动交通运输网络全生命周期高效运行是未来面临的重要挑战。

（三）交通运输新型基础设施发展生态环境不够完备

当前，交通运输新型基础设施产业链上下游和共生互利的生态环境仍不完善。网络信息企业是我国新型基础设施投资的重要主体，"量入为出"是这些市场主体的首要考虑因素。由于行业用户回收投资的商业模式尚不明确，社会资本参与投资意愿普遍不高。受到用户规模见顶和行业价格竞争因素影响，电信、联通、移动等基础电信企业收入增长趋势持续放缓，流量管道贬值明显，也制约了其资本开支规模进一步扩大，减弱了拓展交通运输等新领域、新行业的动力。同时，交通运输新型基础设施更新迭代相对较快，部分存量基础设施未到生命周期即遭废弃，也影响了部分企业的投资热情。

（四）交通运输新型基础设施产业供应链存在断裂风险

与交通运输新型基础设施密切相关网络信息行业，是全球化产业链协作最完善的行业之一，也是受疫情冲击最大的行业之一。我国2020年的信息通信基础设施的规划建设出现了不同程度的延迟，用户开拓进展受到了一定制约。受影响最大的企业主要集中在产业链上游，我国部分核心零部件仍不能完全实现自主可控，导致如射频元器件、芯片、封装等环节均存在供给困难。随着疫情在全球范围蔓延，对进口海外中间品和上游原材料的影响已经显现，国际产业链供给成本显著上升、国内疫情发展仍存在复杂因素，美国的"断供"制裁严重影响了华为等企业正常运转，供应链可靠性明显下降。对国际产业链依存度较高的企业将受到较大影响，有待基于国内市场重构供应链体系。

三　全面推动交通运输新型基础设施发展的思路和对策

（一）"构柱建梁"——加强顶层设计、统筹推动交通运输新型基础设施发展

按照新时代交通强国建设的要求，把准推进基础设施高质量发展的脉络，着力加强交通运输新型基础设施发展的顶层设计。完善新型基础设施规划体系，做好新型基础设施和传统基础设施协同发展的规划引导，把新型基础设施发展作为落实基础设施高质量发展规划的重要抓手，将交通运输新型基础设施列入国家"十四五"综合交通运输体系规划、国家综合立体交通网规划纲要，加快出台智能交通发展战略。依托各部门和行业企业，全面构建新型基础设施统计体系。推动国家及相关部门在政策引导、资金扶持、税收优惠等方面对交通运输新型基础设施予以支持。

（二）"融新优存"——明确交通运输新型基础设施融合应用场景

推动既有设施扩容与新型设施应用布局并重发展，加快5G、人工智能等先进技术在铁路、公路、港口等领域应用，发展智能铁路、智慧公路、智慧港航、智慧机场等，加强既有设施改造，推动新型设施部署与应用需求高度衔接。尽快确定新一代车用无线通信网络（5G-V2X）国家标准。结合5G公网建设，加强新一代车用无线通信网络在城市道路、高速公路示范线路开展部署和应用，支撑自动驾驶市场化应用。加强窄带物联网（NB-IoT）在桥梁、隧道、枢纽重点交通基础设施的部署应用，推动自动化仓库、自动化码头等智能设施优化应用。探索将我国尚未达到生命周期废弃老旧设施设备，进行升级改造后，应用于低级别需求的应用场景。构建基础设施大数据中心体系，创新打造泛基础设施运行和运营管理平台。建设完善多元化综合交通运输信息平台，构建"网络上的综合交通运输系统"。

(三)"铸链建圈"——构建上下游产业链融合共生发展生态体系

加强行业供给和需求整合,把交通运输新型基础设施建设作为逆周期调节的重要手段,推动基础设施运营企业(如高速公路集团、地方铁路集团、城市公交运营企业等)与基础电信运营企业、电信设备制造企业、互联网企业等之间的战略合作,根据业务拓展需求和管理升级要求,跨行业成立交通运输新型基础设施投资企业,培育交通运输新型基础设施的运营企业,畅通建设投资运营收益链条,共享新型基础设施发展带来的红利。推动新型基础设施全领域生态链良性循环,培育经济发展新动能。消除行业应用壁垒,为交通运输平台经济发展和行业开放融合营造良好环境。

(四)"畅链拓需"——保障国际国内供应链畅通,开辟国际市场新空间

推动信息通信装备制造龙头企业复工复产达产,加强上游零部件重点供应链保障,深化国内供应链组织分工协作,推动国际物流企业与信息通信制造企业构建战略合作关系,保障国际物流运输网络的完整性。积极发挥中欧班列平台对国际信息通信供应链组织功能,加快拓展国际货运全货机航线。着力提高进口关键产品的通关便利化水平。针对关键零部件和产品可能存在的断供风险,开辟国际货运绿色通道,全力保证供应链安全。打造世界新型基础设施发展的新标杆,积极探索国际新型基础设施投资新领域,争取整合和收购国际基础设施优质资产,创造国际市场新需求,为后疫情时代构筑国际市场新格局奠定基础。

第七章
智能化与绿色化融合发展

新能源汽车是交通运输智能化、绿色化发展的重要结合点，以电动化、智能化、网联化、共享化为趋势的汽车"新四化"，正催生"道路上的革命"。

第一节 交通绿色化发展形势

一 电动汽车和充电设施

纯电动汽车、插电混合动力汽车作为最重要的新能源汽车受到国内外的广泛关注，充电桩以及能源互联网设施被视为新型基础设施的重要组成部分。当前，我国公路快速成网助推汽车保有量显著增加，新能源汽车占比不断提升，充电基础设施不断完善。

（一）电动汽车快速普及

2000年以来，在我国公路网络不断扩展的基础上，公路交通进入以私人小汽车为主导的快速机动化阶段。小汽车保有量快速增长，成为这一时期城市交通发展的最主要特征。2017年我国汽车保有量年增长达到2888万辆，创造了改革开放以来的最高值。2018年以来，汽车销量受经济周期的影响，产销量均有所回落但目前仍居世界第一位。2019年全国汽车保有量2.6亿辆，已基本达到美国汽车保有量水平，30个城市汽车保有量超200万辆。

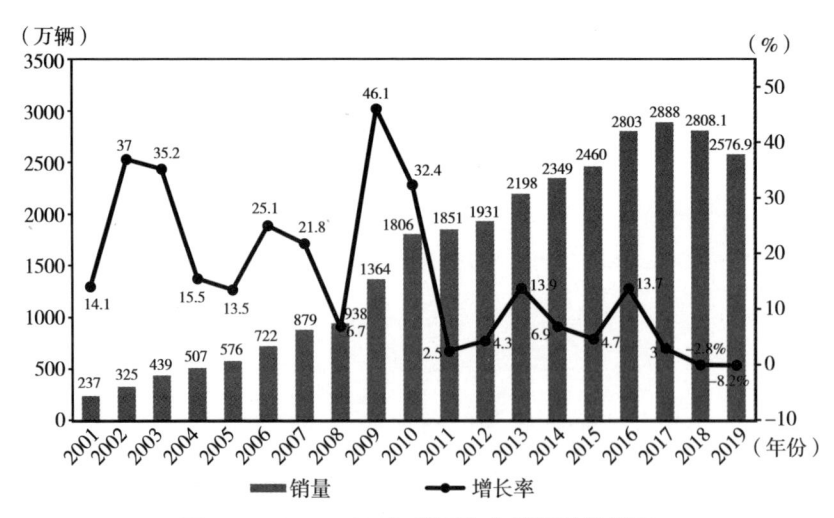

图7-1　2001-2019年我国汽车销量及增长率

数据来源：中国汽车工业协会。

新能源汽车作为新技术典型代表被国内各界广泛关注，我国从研发环境、生产制造、居民消费等环节对新能源汽车产业链进行了大力支持。纯电动汽车是我国当重点发展的新能源汽车类型，2019年我国新能源汽车年产量已经超过120万辆。新能源汽车在公共交通、城市配送等领域得到全面的应用。

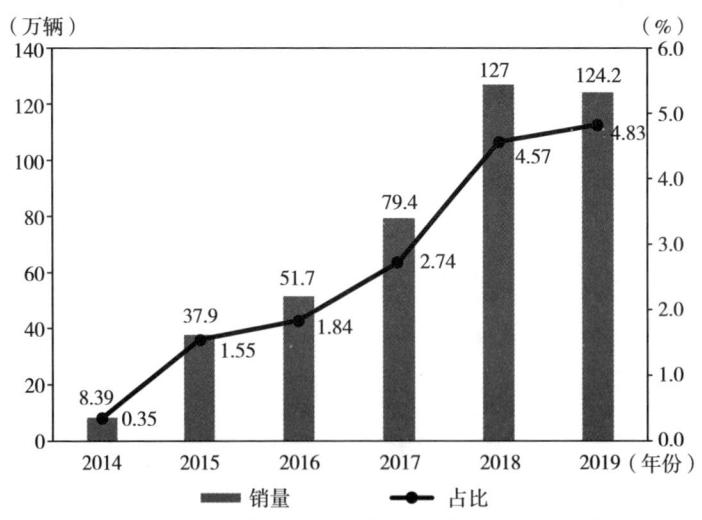

图7-2　2014—2019年我国新能源汽车销量及占汽车销量比重

数据来源：中国汽车工业协会。

(万辆)

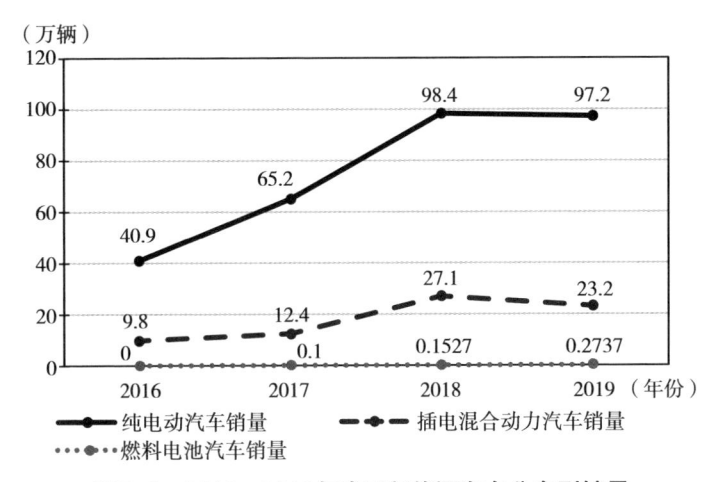

图7-3 2016—2019年我国新能源汽车分车型销量

数据来源：中国汽车工业协会。

（二）充电设施加快完善

充电站、充电桩是制约新能源汽车推广应用的重要瓶颈。2019年我国新能源车与公共充电桩的比例为8.7∶1，如果算上私人充电桩车桩比达到3.4∶1，有较大提升空间。特来电、国网、星星充电、普天新能源等四大充电运营商累计建设公共充电桩超过20万个，占公共充电桩总量的80%。

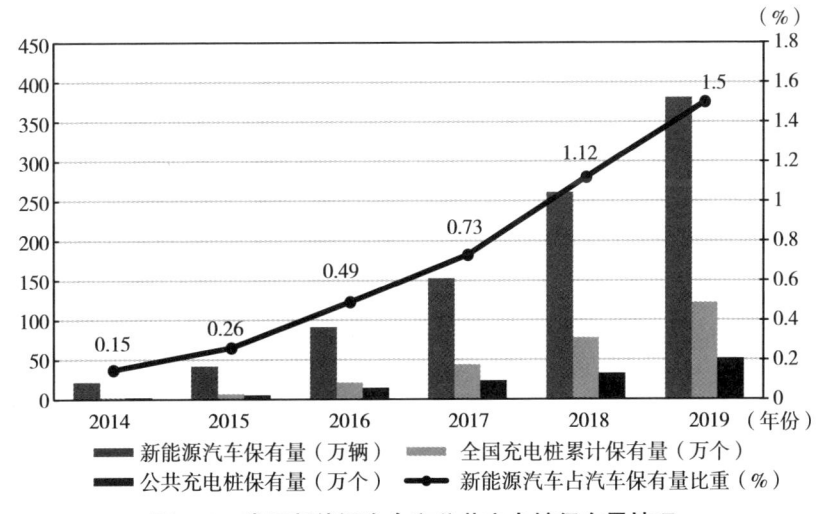

图7-4 我国新能源汽车和公共充电桩保有量情况

数据来源：中国汽车工业协会。

充电运营商目前也由单一充电服务向提供增值服务拓展，以智能设备为基础，应用大数据技术，创新智能化运维管理手段，融合互联网技术提高运维效率，充电运营模式呈现出多元化、特性化、综合化、跨领域的多种特点。2019年底，工信部发布了《新能源汽车产业发展规划（2021—2035年）》（征求意见稿），强调了充电设施大功率、智能化、网络平台化的发展目标。

二 氢燃料电池汽车和加氢设施

（一）氢能在交通运输领域应用情况

氢能是能源互联媒介，也是终极能源。氢能可通过可再生能源电解制取，实现大规模储能及调峰，实现不同能源网络之间的协同优化，促进清洁能源发展。在优化能源结构方面，氢能本身作为一种二次能源，可从化石能源中获取，有助于煤炭等一次能源清洁高效利用。氢可应用于分布式发电，为家庭住宅、商业建筑等供电供暖。氢燃料电池技术应用于汽车、轨道交通、船舶等领域，降低长距离高负荷交通对石油和天然气的依赖。氢燃料电池汽车是新能源汽车的重要技术路线之一，氢燃料电池汽车具有安静、零排放、燃料加注快、续航性能强的优势，可与纯电动汽车形成良好的互补，分别覆盖长途重载和短途轻载的使用场景。

我国已经连续多年占据氢能源全球第一大市场的份额，绿色交通的成果有目共睹。我国氢燃料电池车辆产量2018年同比增长54%，而政策推动和技术逐渐成熟是促进氢燃料电池汽车产销量快速增长的重要原因。预计到2025年氢燃料电池车产量有望接近60万辆。

我国自主生产的燃料电池还处在技术验证阶段。我国车用燃料电池的现状——几乎无部件生产商，无车用电堆生产公司，只有极少量商业运行燃料电池车。多项关键材料决定着燃料电池的寿命和性能。而这些材料我国并非完全没有，有些实验室成果甚至已达到国际水平，但由于没有批量生产线，关键材料长期依赖国外，燃料电池产业链无法打通。一旦遭遇禁售，我国的燃料电池产业便没有了支撑基础。

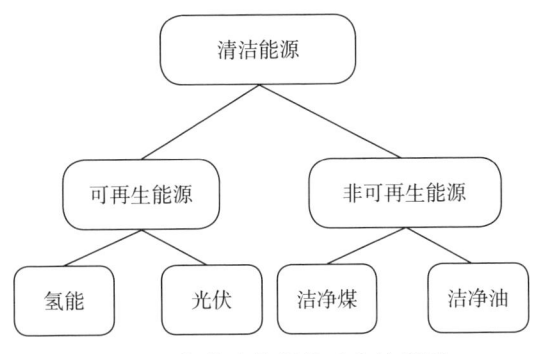

图7-5 氢能在能源体系中的类别

（二）氢能基础设施建设和氢燃料电池汽车应用推广情况

世界主要国家均在氢燃料汽车发展方面做出了较多有益探索。日本、美国等发达国家在氢燃料电池汽车方面深耕多年，已取得显著突破。发达国家把氢作为能源管理，创制了科学安全的氢加注站建设和车载氢罐技术标准、检测标准和检测体系，有力推广了氢燃料电池汽车商业化。

图7-6 日本丰田Mirai氢燃料电池汽车

表7-1 世界主要发达国家和地区氢能在交通运输领域发展应用情况

项目	日本	北美	欧洲
战略规划	日本再兴战略 氢能源白皮书 氢能/燃料电池发展路线图	美国氢燃料电池公共汽车计划（NFCBP） 加州燃料电池伙伴计划（CAFCP）	欧盟氢能路线图 清洁能源计划 2020年氢能与燃料电池发展计划 欧洲城市清洁氢能项目

续表

项目	日本	北美	欧洲
典型企业	丰田、本田、日产	UTC、Ballard、通用、福特	戴姆勒、大众、宝马
基础设施（加氢站）	2016年100座 2025年建成800座	2016年68座 2018年100座	2016年50座 2017年100座
代表产品	本田 Mirai 本田 Clarity	雪佛兰 Equi-nox 轿车 UTC 客车	奔驰 B 级 F-Cell 轿车 戴姆勒 Citaro FC 客车

我国的氢燃料电池汽车产业仍然处于培育期，规模相对较小，但保持了较快的增速。2015年以来年均复合增长率接近100%，2019年全年氢燃料电池汽车产量在3000辆左右。在部分区域和某些城市试点推广应用氢燃料电池汽车，取得了较为明显的成效。如广东佛山以打造"氢城"为目标，引进了国际前沿技术和龙头企业，建立了较为完整的氢能源产业链，佛山氢能产业已涵盖了上游氢能基础设施、中游氢燃料电池核心部件和动力总成以及下游氢能源汽车制造各环节，特别是在氢燃料电池电堆、动力系统及空气压缩机研发、生产领域，引进培育了一批行业内知名企业。佛山已成为广东首个大规模使用氢燃料电池公交车示范城市，并致力于1000台氢能源公交车的推广。截至2019年11月，佛山已建成10座加氢站，开通20条氢能源公交线路，佛山市高明区拥有世界首条商业运营氢能源有轨电车线路，探索以城市轨道交通为突破口推动氢能商用的落地。氢能源产业链初步形成。同时，我国传统能源城市也在加速转型，如山西大同正逐步将"煤都"转型为"氢都"，实现能源产业转型升级发展。

专栏7-1

佛山市高明区现代有轨电车示范线首期工程简介

佛山市高明区现代有轨电车示范线首期工程线路全长约6.5公里，全部为地面线路，南起沧江路与中山路交叉口，北止于西江新城智湖，共设置车站10座，其中荷城站与未来的佛山地铁二号线延长线实现接驳换乘，并在智湖站附近建设车辆基地及加氢站1座，调度指挥中心设置于车辆基地的综合楼内。项目总投资8.38亿元，包含有轨电车部分、加氢站以及市政道路部分。

该项目是全国首条以氢能源为动力的有轨电车，具有技术先进、安全可靠、绿色环保、定点准时和低噪音、零排放、大运量等特点，能对地铁未开通区域进行较好覆盖，实现轨道交通的有效接驳，促进形成轨道交通出行网络。该项目是佛山市打造轨道交通装备制造业、氢能源产业的重要发展战略部署，实现佛山车佛山造佛山配套。有效将高明区轨道交通与佛山地铁二号线、肇顺南城际轨道编织成网，为高明彻底融入珠三角核心区提供了强有力的支撑。项目建成后，将对氢能源有轨电车在国内的示范推广起到积极的作用。

佛山高明有轨电车——城市轨道交通　　京东物流配送车——物流配送

云浮公共汽车——城市公共交通　　日本Mirai——乘用车私人出行

图7-7　国内国际氢燃料电池汽车利用情况

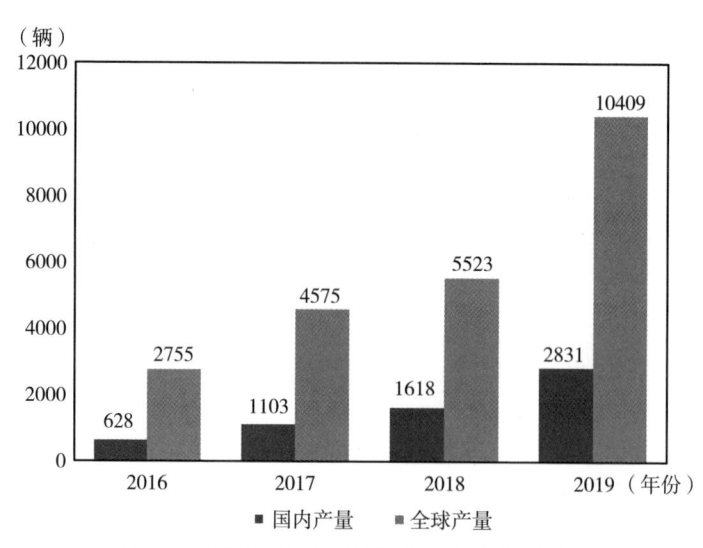

图7-8 我国和全球氢燃料电池汽车产量情况

表7-2　　　　　　　　我国氢燃料电池加氢站规划建设情况

区域	规划年份	加氢站建设	车辆推广
上海	2017—2020年	建成加氢站5—10座	燃料电池车运行规模3000辆
上海	2021—2025年	建成加氢站50座	燃料电池乘用车不少于2万辆，其他特种燃料电池车辆不少于1万辆
苏州	2018—2020年	建成加氢站近10座	燃料电池车运行规模800辆
如皋	2018—2020年	建成加氢站3—5座	公共服务新增车辆中燃料电池车比例不低于50%
如皋	2021—2025年	—	公共服务车辆中燃料电池车比例不低于30%
如皋	2026—2030年	—	公共服务车辆中燃料电池车比例不低于50%
张家港	2020年	建成加氢站10座	运行规模200辆
常熟	近期目标	建成一批市场优化运行的公共加氢站	
宁波	2019—2022年	建成加氢站10—15座	运行规模力争600—800辆
宁波	2023—2025年	建成加氢站20—25座	运行规模力争1500辆
嘉善	2022年	建成加氢站或综合能源站3—5座	销售达到5000辆，燃料电池公交车占新能源公交车总保有量的50%

续表

区域	规划年份	加氢站建设	车辆推广
佛山	2020 年	建成加氢站 28 座	累计推广产品应用 5500 套
	2025 年	建成加氢站 43 座	累计推广产品应用 11000 套
	2030 年	建成加氢站 57 座	累计推广产品应用 30000 套
武汉	2018—2020 年	建成加氢站 5—20 座	累计运行 2000—3000 辆燃料电池车
	2021—2025 年	建成加氢站 30-100 座	累计运行 1 万—3 万辆燃料电池车
长三角氢走廊	2019—2021 年	加氢站数量超过 40 座，其中高速连接站数量 6 座，覆盖高速道路超过 2 条	燃料电池汽车数量要超过 5000 辆（主要面向公交和物流等公共服务类商用车型）

三　我国新能源汽车发展推进政策

（一）新能源汽车总体推进政策

新能源汽车代表了汽车和交通运输领域的发展趋势，是新一轮科技革命和产业革命的产物，也是国际产业和技术竞争的新高地。同时，新能源汽车的推广应用对于我国的能源安全至关重要，我国的油气能源严重依赖进口，一旦被切断国外供应，经济社会将面临难以承担的重压。推广新能源汽车不仅可以有效应对能源安全问题，在一定程度上减少对海外油气资源的依赖程度，同时也可以充分消纳电力市场上相对充足的电力供应。

我国采取了一系列措施来推动新能源汽车的发展，尤其是电动汽车发展。2019 年 1 月，国家发改委实施了《汽车产业投资管理规定》，对传统燃油车的产能进一步加强了限制，同时鼓励新能源汽车产业做大做强，提升竞争力。大部分省份新建汽车产能投资项目均不再实行核准管理，调整为备案管理。同时，也对新能源汽车产业投资准入条件进行了要求，避免新能源汽车产业"一哄而上"，导致低端产能过剩。

表 7-3　新能源汽车产业投资管理规定

序号	相关规定
1	汽车整车投资项目按照驱动动力系统分为燃油汽车和纯电动汽车投资项目，包括乘用车和商用车两个产品类别
2	纯电动汽车投资项目是指以电动机提供驱动动力的汽车投资项目，包括纯电动汽车（含增程式电动汽车）、燃料电池汽车等投资项目
3	新建中外合资轿车生产企业项目、新建纯电动乘用车生产企业（含现有汽车企业跨类生产纯电动乘用车）项目及其余由省级政府核准的汽车投资项目均不再实行核准管理，调整为备案管理
4	新建独立纯电动汽车企业投资项目，其中建设规模，纯电动乘用车不低于10万辆，纯电动商用车不低于5000辆

表 7-4　新能源乘用车补贴标准

车辆类型	纯电动续驶里程 R（工况法、公里）		
纯电动乘用车	250 ≤ R < 400	R ≥ 400	R ≥ 50
	1.8	2.5	/
插电式混合动力乘用车（含增程式）	/		1

1. 纯电动乘用车单车补贴金额 =Min{ 里程补贴标准，车辆带电量 × 550 元 } × 电池系统能量密度调整系数 × 车辆能耗调整系数。
2. 对于非私人购买或用于营运的新能源乘用车，按照相应补贴金额的 0.7 倍给予补贴。

数据来源：《关于进一步完善新能源汽车推广应用财政补贴政策的通知》（财建〔2019〕138号）。

2019 年，考虑到补贴依赖、地方补贴保护，以及充电配套设施不健全正成为产业发展的瓶颈，财政部等部委安排推动 2020 年以后补贴退出的制度安排，并确定 2019 年补贴标准在 2018 年基础上平均退坡 50%，2020 年底退坡到位。由于受新冠肺炎疫情影响，2020 年上半年我国新能源汽车产销受到严重冲击，财政部等部委决定将新能源汽车推广应用财政补贴政策实施期限延长至 2022 年底，推动 2020—2022 年补贴标准在上一年基础上退坡 10%、20%、30%。

（二）氢燃料电池汽车推进策略

自 2011 年以来，我国政府有关部门从战略、产业结构、科技、财政等方面相继发布了一系列政策,引导并鼓励包括氢燃料电池和相关产业在内的氢能产业发展。在国家层面,政策更多是确立发展氢能的方向、科研以及标准立项。在地方层面,多个地方政府也已经出台了氢能源相关政策。

其中仅在2019年第一季度,就有宁波市、佛山市、常熟市、张家港市、深圳市五地出台氢能发展政策,在各方推动下,以燃料电池汽车为代表的氢能源行业将大力发展。截至2019年3月底,已经有十余个城市明确出台相关产业规划,北京、河北张家口、江苏如皋、上海、广东佛山、四川成都等多个城市相继出台氢能产业链发展规划并推进地方补贴。

表7-5　党的十九大以来国家机构部门氢燃料电池汽车相关政策

时间	政府部门	文件名	政策内容
2018年	国家发改委、工信部、科技部、财政部	《关于调整完善新能源汽车推广应用财政补贴政策的通知》	燃料电池汽车补贴力度保持不变,燃料电池乘用车按燃料电池系统的额定功率进行补贴,燃料电池客车和专用车采用定额补贴方式
2019年3月	财政部、工信部、科技部和国家发改委	《关于进一步完善新能源汽车推广应用财政补贴政策的通知》	补贴政策和燃料电池相关政策:1)地方补贴需支持加氢基础设施短板建设和配套运营服务;2)从2019年开始有运营里程要求的车辆完成销售上牌后即预拨一部分补贴资金;3)过渡期燃料电池汽车补贴0.8倍;4)燃料电池汽车补贴政策另行公布
2019年3月	国家发改委等七部委	《绿色产业指导目录(2019年版)》	包含多项目燃料电池和氢能条目,要求给予投资、价格、金融、税收等方面政策措施
2019年4月	国务院	《政府工作报告》	加快发展人工智能、自动驾驶、氢能源等新兴产业,推动充电、加氢等基础设施建设
2019年4月	国家发改委会同有关部门	《产业结构调整指导目录(2019年版)》	涵盖高效制氢、运氢及高密度储氢技术、加氢站即燃料电池相关内容

表 7-6　　　　　　　　　　地方政府鼓励措施

序号	地方	政策措施
1	上海市	上海市燃料电池汽车发展规划
2	成都市	成都市低碳城市建设 2019 年度计划
3	山西省	山西省新能源汽车产业 2019 年行动计划
4	武汉市	武汉经济技术开发区（汉南区）加氢站审批及管理办法
5	佛山市	佛山市南海区促进加氢站建设运营及氢能源车辆运行扶持办法
6	宁波市	宁波加快氢能产业发展的指导意见
7	深圳市	深圳市发展和改革委员会关于组织实施深圳市新材料产业 2019 年第一批扶持计划的通知
8	张家港市	张家港市氢能产业发展规划

专栏 7-2

佛山市在加氢站补贴方面展开了深入探索

1. 建设补贴

按日加氢能力固定式加氢站 350—500 公斤、500 公斤以上，撬装式加氢站 350 公斤及以上，建成年限 2018 年底前建成、2019 年内建成、2020—2022 年内建成等依梯度分别给予 200 万—800 万元补贴。

2. 运营补贴

2018-2019 年度，对加氢站销售价格为 40 元及以下的氢气给予 20 元/公斤的补贴；2020—2021 年度，对销售价格为 35 元及以下的氢气给予 14 元/公斤的补贴；2022 年度对销售价格为 30 元及以下的氢气给予 9 元/公斤的补贴。

3. 财政贡献奖励

2018—2020 年度奖励金额为其加氢业务增值税和所得税区际地方政府留成部分的 100%，2021—2022 年度为 50%。

第二节　对我国大规模推广新能源汽车应用的思考

我国各地区地理环境、气候条件、能源资源、经济社会发展差异性较大，要求必须构建符合国情的多元化汽车产业发展总体战略，确立新能源汽车与智能交通、《中国制造2025》深度融合的原始创新发展策略，合理把握新能源汽车发展目标和节奏，重点强化充电和续航等关键技术创新性和应用可靠性，完善充电站/桩等配套设施，引导个人和企业自愿购置新能源汽车。

一　电动汽车技术尚不完全成熟，新能源汽车发展进程不宜过快过猛

现有技术路径下的电动汽车在实用性和安全性方面存在显著问题，无论是在私家车市场还是支撑我国经济运行最重要的公路货运物流领域，其地域适应性和可靠性均远低于燃油汽车。一是电池续航能力会随着充放电次数增加而衰减，快充下电池年衰减率超过10%，折旧速度远高于燃油汽车。二是电池效能持续稳定性较差，纯电动汽车在北方地区秋冬季节，实际续航里程衰减可能超过50%。三是高能量密度电池有助于延长续航里程，扩大电动汽车的使用半径，但在夏季高温环境下电池安全性则会显著降低。四是充电设施匮乏影响电动汽车的长距离使用。由于充电站/桩投资回报期较长导致供给并不充足，停车位短缺及管理不善易导致充电桩被油车占位，充电设施仍处于短缺的态势。此外，未来汽车电池大规模报废处理、回收处置带来的环境影响也有待长时间观察论证。

2015—2017年我国新能源汽车出现爆发式增长，这一趋势并不是市场需求的体现，核心原因在于限购燃油汽车和公务采购。我国城市中新能源汽车销量前6名城市均采取限牌限购措施，这6个城市新能源乘用车销量之和占全国总量40%以上。不限购城市主要依靠大量政

府采购。受制于技术水平，新能源汽车的推广应把握节奏，不宜大刀阔斧一味追求新能源汽车保有量的增长速度。

表 7-7　　我国 2017 年新能源乘用车销量前 10 名城市比较

城市	销量（辆）	销量占全国比重(%)	是否有限牌限购措施
北京	58745	10.2	是
上海	55279	9.6	是
深圳	40029	6.9	是
天津	31348	5.4	是
杭州	26303	4.6	是
广州	22133	3.8	是
合肥	21396	3.7	否
重庆	20661	3.6	否
青岛	15537	2.7	否
长沙	15418	2.7	否
10 城市合计	306849	53.1	—
全国销量	578000	100.0	—

资料来源：中国汽车工业协会。

表 7-8　　近 7 年我国汽车和新能源汽车销量和保有量变化情况

年份	汽车保有量（万辆）	新能源汽车保有量（万辆）	占比	汽车销量（万辆）	新能源汽车销量（万辆）	占比
2011	9356	—	—	1851	0.8	0.04%
2012	10933	—	—	1931	—	—
2013	12670	—	—	2198	1.8	0.08%
2014	14598	—	—	2349	7.5	0.32%
2015	16284	58	0.36%	2460	33.1	1.35%
2016	18574	109	0.59%	2803	50.7	1.81%
2017	21473	180	0.84%	2888	77.7	2.69%

数据来源：国家统计局，中国汽车工业协会。
注：燃料电池车销量远低于纯电动和插电式新能源汽车，不纳入统计。

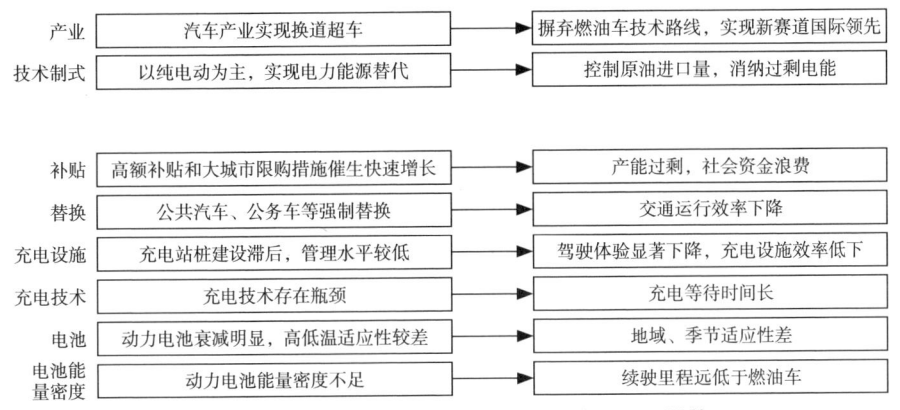

产业	汽车产业实现换道超车	→	摒弃燃油车技术路线，实现新赛道国际领先
技术制式	以纯电动为主，实现电力能源替代	→	控制原油进口量，消纳过剩电能
补贴	高额补贴和大城市限购措施催生快速增长	→	产能过剩，社会资金浪费
替换	公共汽车、公务车等强制替换	→	交通运行效率下降
充电设施	充电站桩建设滞后，管理水平较低	→	驾驶体验显著下降，充电设施效率低下
充电技术	充电技术存在瓶颈	→	充电等待时间长
电池	动力电池衰减明显，高低温适应性较差	→	地域、季节适应性差
电池能量密度	动力电池能量密度不足	→	续驶里程远低于燃油车

图7-9 我国新能源汽车发展的面临的机遇和挑战

二 新能源汽车测试标准正在完善提高，导致市场产品安全性能良莠不齐

2018年9月28日，中国汽车技术研究中心（以下简称汽研中心）公布了2018版中国新车评价规程（C-NCAP）新标准，对新能源汽车的测试标准全面提高，强化了新能源汽车测试规范，对汽车购买者的参考价值更高。同时，汽研中心2020年4月进行了国内首次新能源汽车高速追尾试验，填补了新能源汽车高速碰撞试验的空白。但是，新能源汽车的电池等核心部件仍然缺乏强制测试要求。

此外，由于新能源汽车测试标准频繁修订，市场上存量的新能源汽车安全性能仅满足过去的旧测试标准，并暴露出较多安全隐患。对于消费者而言，若按照新标准对已购买车辆进行改造成本过高，这使得大量不符合最新标准的新能源汽车仍在市场留存。原有产业化目标偏高（2020年单体达到350瓦时/公斤，系统260瓦时/公斤，循环寿命2000次），强行推行也会显著降低安全性。

专栏7-3

客观审视新能源汽车安全事故

2018年以来，我国发生了数十起新能源汽车事故，事故主要为电池自燃和碰撞着火，车辆大部分被焚毁。大量新能源汽车存在质量安全隐患，车辆焚毁事故只是冰山浮出水面的一角，部分存在缺陷的新能源汽车对驾乘人员的生命安全造成了较大威胁。

事故的直接原因主要是：（1）电池产品测试验证不足，新能源汽车的新车评估规程仍不完善，导致电池热管理失控频发。（2）车辆使用过程中可靠性恶化，车辆全生命周期评估缺失。（3）充电安全管理技术水平低下，电池管理系统和充电机企业出于成本考虑，并未全面执行新颁布的国家标准。

同时，新能源汽车还面临电池容量衰减问题。续航里程随充放电次数和累计行驶里程降低是新能源汽车重要缺陷。甚至有个别早期新能源轿车续航里程三年内由200公里下降至50多公里。电池成本约占新能源汽车整车补贴前价格一半，大部分新能源汽车企业并未提供电芯和电池包换服务，更换旧电池的支出接近购置新车。

新能源汽车事故频发和问题丛生的深层原因是我国新能源汽车应用推广节奏过快，产业化目标过高。新能源汽车技术不成熟和配套设施不完善，技术标准只能在应用中完善，留存大量安全隐患。快速推广新能源汽车将会导致交通效率的下降和运输安全性显著降低。

新能源汽车在我国的快速推广并不是由于颠覆性技术的突破引发的，也不是来源于技术的正向发展和市场需求的拉动，我国有改变能源结构、减少对进口石油依赖性的考虑，同时也出于降低大城市空气污染和控制温室气体排放的考虑。

但是，国际范围内新能源汽车尤其是纯电动汽车的核心技术并未取得革命性突破，其生产成本仍远高于传统燃油汽车，续航里程较短，充电时间长，环境适应性较弱，新能源汽车只是在部分应用场景对比燃油车具有显著经济性。政府限购限售传统燃油车、补贴新能源汽车消费，地方政府扶持新能源汽车生产的各种优惠政策对市场预期影响巨大，是近年来新能源汽车快速推广的核心因素。

三 发展新能源汽车产业与现有燃油车工业体系的矛盾

传统汽车企业向新能源汽车全面切换，会显著增加汽车制造成本，造成既有燃油车生产体系废弃。当前，同性能指标下，新能源汽车成本远高于传统燃油车。一旦新能源汽车遭遇技术瓶颈，不排除全球汽车工业主导地位继续回到传统燃油领域，在"来回折腾"下，我国汽车工业将遭受毁灭性打击。

过去五年，新能源汽车快速发展主要得益于相关部门和地方政府补贴政策，大量技术水平低、成本优势匮乏的新能源汽车企业在政策扶持下成长壮大。一旦补贴退坡、市场竞争白热化，这些缺乏竞争力的造车企业或将面临倒闭，这无疑是社会资源巨大浪费。

我国汽车市场空间广阔，年销售量超过2500万辆，位居世界第一，是世界第二名美国的近2倍，汽车保有量超过2亿辆，位居世界第二，预计2020年将超过美国成为世界第一汽车大国，世界所有先进汽车技术都可以在我国充分推广和创新演进，我国也能够容纳新能源、传统能源等各种类型汽车同时使用。同时，复杂多样的地理自然环境、经济发展要求和交通运输条件等，决定了我国对汽车技术性能的需要是丰富多元的，我国不应完全放弃节能燃油和清洁能源汽车等技术路线。

四 客观看待欧美国家推出停产停售传统燃油车时间表

（一）欧洲国家提出停产停售燃油汽车时间表对我国的借鉴意义较小

部分欧洲国家已经提出愿景性和非强制性的燃油汽车停产停售时间表。部分欧洲国家停产停售时间表主要由政府中奉行环保运动的政党代表或企业提出，且主要针对轻型车，不包括卡车。由于部分国家领土较小，汽车保有量不高，且销量也在减少，因此所谓"禁售"并无实质性意义。时间表推进效果有限。实际执行中，禁售议案也遭到了本国汽车厂商的强烈反对。奔驰、沃尔沃等企业虽然提出停售传统燃油车目标，但仍将插电式混合动力汽车作为发展重点，并未完全放弃燃油汽车发展。

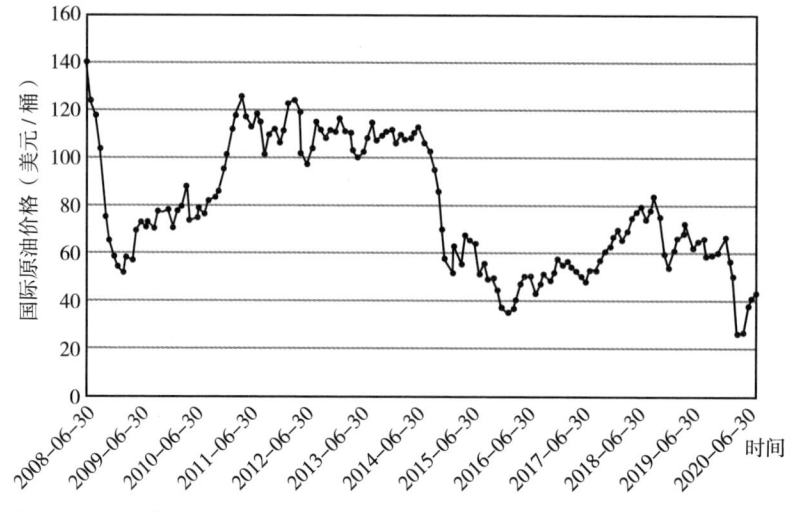

图7-10　ICE布伦特原油价格曲线图（2008年6月30日至2020年6月30日）

当前关于效仿部分欧洲国家加快出台我国禁售燃油汽车时间表的呼声高涨，相关部门正在着手开展工作。在我国"双积分"政策和"停产停售燃油车时间表"预期双重压力下，已有个别车企提出停产燃油车的时间表。一味盲目追求新能源汽车保有量和占比快速提升，不仅会带来巨大的安全隐患还易造成社会资源浪费，引发新的产能过剩，充电基础设施配套不足以及续航、充电等技术尚不完备，也将直接影响着国内新能源汽车推广应用范围和效果。以我国汽车市场规模推算，如果提出停产停售燃油汽车时间表，我国将可能是受冲击最大的国家。

表7-9　部分国家政府和企业提出的停产停售传统燃油车时间表

序号	国家及企业	提出时间	停产或停售时间	愿景措施
1	挪威	2016年6月	2025年	逐步淘汰化石燃料汽车
2	德国	2016年10月	2030年	禁售传统内燃机车
3	印度	2017年4月	2030年	禁售传统燃油车
4	英国	2017年7月	2040年	禁售汽油车和柴油车
5	法国	2017年7月	2040年	禁止内燃机动力汽车上路

续表

序号	国家及企业	提出时间	停产或停售时间	愿景措施
6	荷兰	2017年10月	2025年	禁售传统燃油车
7	沃尔沃公司	2017年7月	2019年	停止推出传统燃油车新车型
8	奔驰公司	2017年9月	2022年	停产停售传统燃油车
9	长安汽车公司	2017年10月	2025年	全面停销传统燃油车
10	北京汽车公司	2017年12月	2020年	北京停售燃油车
			2025年	全国停售燃油车

资料来源：中国汽车工业协会。

（二）美国新能源汽车发展战略对我国具有一定借鉴意义，预计美国10年内不会推出停产停售燃油汽车时间表

美国经济体量、汽车保有量以及销售量与我国相近。目前美国汽车保有量约为2.5亿辆，按照我国汽车销售量增长情况，预计2020年汽车保有量将超过美国，成为世界第一汽车大国。

美国是世界上最强的创新型国家之一，其新能源汽车产业发展政策对我国具有一定的借鉴意义。为支持制造业回流，提升美国汽车、装备等优势产业国际竞争实力，美国特朗普政府改变了先前的能源政策，提出退出《巴黎协定》，加强石油、天然气等传统能源生产消费力度。但美国仍关注新能源汽车产业发展，基于国家整体经济运行和战略安全保障考虑，对停产停售燃油汽车总体呈审慎态度。

五 氢燃料电池汽车发展的考虑

氢燃料电池汽车对加氢站等设施高度依赖，全面商业化推广首先要解决基础设施问题，加氢站和氢气供应体系必须先行。同时，加氢站的建设应该是循序渐进的，起步阶段最适合商业化推广的是商用车，包括公交车、物流车、轻客等，这些车辆行驶路线较固定，建设配套的加氢站比较容易，通过在公共交通领域的推广，带动氢燃料电池技术进步、成本下降，同时也可促进氢气供应体系的完善，逐步推动氢燃料电池汽车向乘用车领域拓展。我国氢能来源广泛，既有大量的工业副产氢气，又有大量的弃风弃光电、低谷电等可供制氢的存量资源。

表 7-10　氢燃料电池汽车发展面临的挑战和问题节点

序号	分项	节点
1	氢能应用成本	氢燃料电池汽车生产成本 氢气终端售价 汽车和氢气消费补贴
2	加氢基础设施	加氢站建设成本 加氢站运营成本 加氢站建设设计规范 加氢站土地指标 加氢站建设和运营补贴
3	氢使用风险	氢作为危化品管理 封闭空间爆燃风险 加氢站和储氢罐技术标准 氢燃料电池汽车检测标准
4	氢能源产业链	氢能生产 氢能储运 氢能供销

第三节　新能源汽车发展建议

一　强化重大问题重大政策研究储备，暂缓推出燃油汽车停产停售时间表

立足国情实际和发展要求，我国暂缓推出燃油汽车停产停售的时间表，密切跟踪各发达国家新能源汽车领域政策动向，加强重大技术研发攻关与配套政策研究储备。着眼创新性体系建设和产业链、价值链升级，研究制定国家新能源汽车发展总体战略和重大原创技术政策攻坚方案，明确中长期发展导向和近期技术路径。建议由国家综合部门战略统筹，从产业升级、能源革命、现代综合交通运输体系建设、

新一代人工智能等综合发展角度，深化细化我国新能源汽车发展路线和推广政策，更多通过电油价差、供给充电设施配套等方式合理引导市场需求。

二 调整既有政策支持方式，逐步停止对新能源汽车生产和销售的直接或间接补贴，加强对核心技术研发定向补助和奖励性支持，适时调整新能源汽车"双积分"补贴政策

建议五年内完全停止对新能源汽车企业补贴。加强对技术研发创新资金支持力度，采取以奖代补、专项补贴等方式，重点支持充电续航、电池材料等基础技术、关键技术、前沿技术、颠覆性技术创新。优化调整既有政策工具和政策支持方向，鼓励节能燃油、清洁能源和新能源等多种汽车技术路线并存发展。避免过度打击燃油汽车生产和研发的积极性，防止部分企业为了追逐新能源积分和补贴，完全放弃燃油汽车生产及其技术积累。

三 以大城市为重点，加快完善充电站/桩等配套设施

加大充电站/桩等新能源汽车配套设施建设力度和资金支持力度。以大城市为重点，研究充电设施强制性配套建设目标，分年度分区域落实，加快实现大城市主要居民区、办公驻地等配套充电设施全覆盖。在重要高速公路服务区、旅游景区和具备条件的乡镇，全面完善充电站桩等设施服务配套。优化充电基础设施布局，加强既有充电桩管理，促进充电桩信息跨企业互联互通，加强充电设施及时维护，降低坏桩率，鼓励私有桩分时租赁共享，提升充电桩使用效率。结合新能源汽车下行，同步加强农网改造，适当布局分布式电源，提升农村地区新能源汽车利用效率。

四　创新国际合作方式，加快提升国内新能源汽车原创技术水平和价值控制能力

以提升自主研发原创能力、构建系统创新体系、推动产业链、价值链升级为导向，在传统燃油汽车合资合作的基础上，创新国际合作方式，探索通过产学研深度融合、改变持股出资方式及合资股比等模式，引入特斯拉、丰田氢燃料电池车等国际新能源汽车整车制造标杆企业以及电池研发制造、车联网等关联企业来华设厂。鼓励国内科研机构及企业进行国际技术研发合作，共建联合研发机构，共享研究成果。完善新能源汽车产业领域的知识产权创造、保护和运用保障体系。有序推动消费端补贴退坡，压缩政策驱动产生的低端产能。引导新能源整车企业和电池制造企业加强研发力量，而不是纯粹将利润投入规模扩张。加强对技术研发创新资金支持力度，重点支持充电设施、电池材料等基础技术、关键技术、前沿技术、颠覆性技术原始创新。

五　循序渐进推广应用新能源交通工具

合理调整新能源汽车发展节奏。当前，补贴政策演进要符合技术发展的规律，对能量密度、循环寿命、续航里程等技术指标的提升要求不宜过快过频。杜绝个别企业在无法达到技术演进目标时，采用降低安全性方法达到技术指标。对新能源汽车进行严格质量考核，尽快推出电动汽车安全年检规范，以及电动汽车黑匣子，电池包消防安全接口等规范。推动新能源汽车厂商实施电池终身质保、低价置换、故障召回措施，实现市场存量的有序替换，稳定购车者预期。

发展先进适用的运输节能减排技术，采用新型节能的运输工具，推行更高的排放标准，鼓励使用清洁能源，提高机动车污染物排放标准，逐步淘汰落后技术和高能耗、低效率的运输设备，实施营运车船燃料排放消耗限制标准，推广清洁环保车辆，不断提升新能源汽车产销量比重，推动部分行业新能源汽车全面替代。通过运输结构性调整

减少汽车低运量工具使用，推动部分公路运量向铁路、水路转移。减少私人小汽车使用，减少燃油汽车使用。总结既有新能源公路建设和运营经验教训，建设新型光伏路面公路，探索开展车辆运行中无线充电业务。充分利用公路两侧限界，部署太阳能发电等新能源电源设施。

六 错位发展氢燃料电池汽车

加强氢燃料电池汽车发展与能源化工产业配套发展，促进不同能源网络协同优化，消纳弃水、弃风、弃光等富余可再生能源。与纯电动汽车、燃油汽车产业的错位发展，力争在物流车辆、公共汽车、有轨电车等领域应用取得突破。因地制宜推动加氢站建设，完善加氢站管理体制机制，探索与加油站合并设站混站运营，完善生产储运体系，有效降低使用成本。开展核心技术攻关，打通氢能供应关键环节，提升市场竞争力。积极开展国际产业链合作，鼓励外资参与加氢站建设、燃料电池研发等。制定科学安全的氢能、加氢站和储氢罐技术标准，提升检测能力，尽快破除制约氢能和燃料电池汽车发展的标准检测障碍和市场准入壁垒。

第八章 智能交通高质量发展的政策体系

智能交通发展规划是典型的跨领域、跨行业，是新技术、新业态、新产业集中的行业。适应新形势发展需求，构建适应智能交通高质量发展的政策体系至关重要。

第一节 规划体系

一 综合性规划中的智能交通

（一）经济社会发展规划中的智能交通

智能交通是经济社会现代化的重要标杆。随着我国进入高质量发展的新时代，智能交通的作用和意义正被不断强化和提升。以往在国家经济社会以及区域发展规划中，交通运输领域通常只体现交通运输基础设施的建设部分，从"十三五"开始，交通智能化发展在经济社会规划等综合性发展规划中的地位不断提升。如《中华人民共和国国民经济和社会发展第十三个五年规划纲要》，在第七篇"构筑现代基础设施网络"中把"推动运输服务低碳智能安全发展"作为一节，提出"加快智能交通发展，推广先进信息技术和智能技术装备应用，加强联程联运系统、智能管理系统、公共信息系统建设"，并将智能交通列入项目专栏，提出"推进交通基础设施、运输工具、运行信息等互联网化，加快构建车联网、船联网，完善故障预警、运行维护和智能调度系统，推动驾驶自动化、设施数字化和运行智慧化。推动铁路、民航、道路客运'一站式'票务服务系统建设，建设综合运输公共信息服务平台和交通大数据中心"。国家重大区域发展规划中，如2018年印发的《粤港澳大湾区发展规划纲要》中的"加快基础设施互联互通"一章分别在交通、信息基础设施规划部分，两次提及智能交通发展，强调"加快智能交通系统建设，推进物联网、云计算、大数据等信息技术在交通运输领域的创新集成应用"和"建设智慧城市群……大力发展智慧交通、智慧能源、智慧市政、智慧社区"等。2019年印发的《长江三角洲区域一体化发展规划纲要》的"提升基础设施互联互通"一章中，明确提出"推进一体化智能化交通管理，深化重要客货运输领域协同监管、信息交换共享、大数据分析等管理合作。积极开展车联网和车路协同技术创新试点，筹划建设长三角智慧交通示范项目，率先推进杭绍甬智慧高速公路建设。全面推进长三角地区联网售票一卡通、交通一卡通，提升区域内居民畅行长三角的感受度和体验度。加强长三角数字流域和智能水网建设"。

同时，国家不断强化"两新一重"（新型基础设施、新型城镇化、重大工程），把新型基础设施发展放在更加重要的地位，而智能交通基础设施是重要的融合型新型基础设施，是新型基础设施的重要组成部分，也是建设交通强国的重要战略基石。智能交通在我国规划体系中的作用将不断被强化，也将会在各层级"十四五"综合性经济社会发展规划和区域发展规划中占据更为重要的地位。

（二）交通运输规划中的智能交通

我国交通运输发展规划较为完备，当前已经形成较为全面的规划和评价体系，对交通运输健康有序发展作用明显。自20世纪80年代开始，我国交通运输规划逐步形成了五年总体规划（计划）与专项规划、中长期布局规划、三年滚动实施计划以及具体项目的总体规划、详细规划、预可行性研究、可行性研究、初步设计、施工图等一整套规划体系，同时全面构建了从中央到地方、从综合部门到行业部门、从政府到企业，分领域、分区域、分设施等的规划体系，同步打造了环境影响评价、社会稳定性评价、交通影响评价等评价体系，以此作为交通运输发展实施的主要依据。我国也非常重视交通运输规划的落实，全面维护了规划的严肃性，通过中期评估、后期评估以及重点项目督查等，确保规划落地实施，并建设了规划适时调整完善的机制。

我国交通运输规划编制主体，为规划所涉层级的相关综合管理部门和行业管理部门，包括发展改革、交通运输、公安交管等部门，其中不乏多个单位间跨部门、跨区域合作。改革开放40多年来，随着国家体制机制改革和机构职能调整，以及经济设施发展推动规划领域逐步拓展，规划编制主体也随着当期的法律法规和政策规定而逐步调整。

交通运输规划的实施对象涵盖交通运输领域的各个方面，包括交通运输设施布局、交通运输服务和技术装备、交通智能化绿色化发展、交通运输体制机制改革及相关保障措施。同时也包括了其他领域中涉及交通运输部分（如数字经济中的交通数字经济、旅游经济中的交通旅游、物流流通中的运输组织等），交通运输与其他领域正呈现出融合发展的态势，"交通大融合"态势逐步显现。交通运输综合规划和行业规划的重点由以设施建设规划为主，转变为设施建设、运输服务、智能化绿色化、技术装备、体制机制等领域全面发展的格局。

专栏 8-1

《交通强国建设试点工作方案》

2019年9月，中共中央、国务院印发《交通强国建设纲要》，随后公布了首批交通强国建设试点单位，即同意河北雄安新区、辽宁省、江苏省、浙江省、山东省、河南省、湖北省、湖南省、广西壮族自治区、重庆市、贵州省、新疆维吾尔自治区、深圳市开展第一批交通强国建设试点工作，力争用1—2年时间取得试点任务阶段性成果，用3—5年时间取得相对完善的系统性成果，打造一批先行先试典型样板，并在全国范围内有序推广。

目前全国已经确定了两批34家试点单位，包括省区市交通主管部门、有关大型企业、有关高校和科研机构，围绕"一流的设施、一流的技术、一流的管理和一流的服务"四大领域22个试点项目开展试点工作。下一步，还要滚动推进更多试点项目。

试点内容包括现代内河航运、"四好农村路"、"智慧交通"、交通运输领域信用体系建设、投融资体制改革、多式联运等六方面。此前，深圳、贵州、山东、辽宁、河南、湖南已分别开展了投融资模式创新、高速铁路建设管理模式、"四好农村路"高质量发展、多式联运发展等试点。

交通运输部结合各省份情况也同步推动了一系列的分省份《交通强国建设试点实施方案》，智能交通是这些试点实施方案的重点部分。

表8-1　　　　　交通强国建设试点方案涉及智能交通领域

序号	区域	试点任务要点	试点内容
1	河北雄安新区	打造智能出行城市	新型城市智能交通体系。在容东片区推进自动驾驶示范应用，建设开放式智能网联区域
		智慧高速公路建设运营	以京雄高速公路等项目为依托，打造适应自动驾驶、车联网技术的智慧高速公路，实现车车、车路协同和区域路网协同管理
2	山东省	智慧高速公路系统工程研究及实践	以济青中线高速公路建设为依托，以"全天候通行、全路段感知、全过程管控"，推动高速公路车路协同、信息交互、数据共享，提升高速公路的建设、管理、运行、服务智慧化水平。建设智慧交通重点实验室，依托滨莱高速改扩建项目中原址保留的26公里高速公路，推动自动驾驶和车路协同测试基地建设
		智慧港口建设	建设区域性港口物流生态圈综合服务平台。打造港口企业集团智慧大脑平台。推进自动化集装箱码头信息系统工程、传统码头智能化改造工程、智慧港口信息基础设施工程、加强自动化码头相关技术标准的研究
3	湖北省	智慧交通建设	打造省级综合交通运输信息平台。构建智慧公交体系。在襄阳等城市建立公共交通信息服务云平台，推进数据共享整合，加强交通运行状况监测、分析和预判，支撑智慧管理。建设智慧地铁体系，搭建地铁智慧大脑。打造智慧机场。在武汉机场建设"一库一系统四平台"
4	湖南省	交通科技兴安	建设"两客"车辆智能监管平台。推进不停车治超联网管理信息系统建设
5	贵州省	智慧交通建设	推动高速公路基础设施数字化，加速智能化与运营业务深度融合，推进人车路网云协同化，打造贵州省交通运输行业"聚通用"升级版，建设交通建设质监平台、交通建设工程投资和建设预警监督平台、新农村交通综合服务开放生态平台、综合交通出行平台

二 智能交通专项规划

20世纪90年代以来，围绕智能交通规划体制建设发展，我国出台了一系列包含智能交通内容的指导和约束规划。早期全国层面的智能交通的专项规划相对缺失，一般在国家五年交通运输专项规划的运输服务或是技术装备部分有所体现，由公安交管部门拟定城市层面的专项规划作为补充。

随着国家发展改革委、交通运输部、公安部等国家部委对智能交通发展认识的不断提升，"十二五"时期，我国对智能交通发展规划重视程度显著上升，时任交通运输部部长杨传堂，在2013年12月全国交通工作会议上指出："当前和今后一个时期要集中力量加快推进综合交通、智慧交通、绿色交通、平安交通的发展，使交通运输服务经济社会发展的基础性、先导性作用更加突出，让公众出行更加安全便捷，更加舒适满意"，正式提出"四个交通"，"智慧交通（智能交通）是未来交通运输发展的四大关键领域之一"的观点被正式提出。交通运输部曾出台了公路水路领域的信息化规划《公路水路交通运输信息化"十二五"发展规划》，是具有智能交通性质的公路水路行业规划。

得益于互联网技术和相关应用的大众化，"十三五"期间，智能交通规划上升至国家层面。2016年7月，为贯彻落实《国务院关于积极推进"互联网+"行动的指导意见》（国发〔2015〕40号），促进交通与互联网深度融合，推动交通智能化发展，国家发改委联合交通运输部印发了《推进"互联网+"便捷交通促进智能交通发展的实施方案》，这是我国正式印发的第一个智能交通专项规划。2017年2月，国务院正式印发的《"十三五"现代综合交通运输体系发展规划》中，将"提升交通发展智能化水平"作为单独一章列出，不散见或包含于运输服务或技术装备部分，充分体现了国家对于智能交通发展的重视。"十三五"时期，国家发改委、交通运输部还相继出台了《智能交通近期行动方案》《推进智慧交通发展行动计划（2017—2020年）》《数字交通发展规划纲要》《智慧交通让出行更便捷行动方案（2017—2020年）》等一系列智能交通规划和行动。2020年8月，交通运输部印发了《关于推动交通运输领域新型基础设施建设的指导意见》，提出打造融合高效的智慧交通基础设施。智能交通在发改委、交通运输部等主导的国家交通运输规划体系中的地位逐步上升。

铁路、公路、水路、民航等领域也相继推出了一系列本领域智能交通的发展规划。在铁路领域，国家发改委等部委联合印发的《中长期铁路网规划（2016—2030）》，就提出了"同步推进'互联网+铁路'建设，发展智能化铁路，促进铁路运输、服务方式、经营模式等发展方式深刻变革，全面提升铁路现代化水平。"国家铁路集团公司也不断推动智能铁路发展战略。在公路领域，交通运输部推出了《加快推进新一代国家交通控制网和智慧公路试点》的方案，在北京、河北、吉林、江苏、浙江、福建、江西、河南、广东九省（市）加快推进新一代国家交通控制网和智慧公路试点，完善了智慧公路规划体系。在航运领域，交通运输部还发布了《智能航运发展指导意见》，以培育航运新业态为主线，全面深化航运供给侧结构性改革。在民航领域，中国民航局于2019年印发了《推进四型机场建设行动纲要（2020—2035年）》，重点推进智慧机场建设，民航中南局还发布了《支持深圳机场建设智慧机场先行示范指导意见》和《深圳智慧机场数字化转型白皮书》，推进"率先建设适度超前的新ICT基础设施、高效协同的大运控体系、精准智能的大安全体系、便捷智慧的大服务体系、集成自动的大物流体系"。

同时，国家在《国家创新驱动发展战略纲要》《国家中长期科学和技术发展规划纲要（2006—2020年）》《"十三五"国家科技创新规划》等规划性文件中对智能交通发展的重点任务进行了布置，推动了交通领域技术研发与科技创新活动。国家发改委、公安部、工信部、科技部等国家部委也根据其职能发布了一系列智能交通相关规划，包括国家发改委发布的《智能汽车创新发展战略》、工信部印发的《车联网（智能网联汽车）产业发展行动计划》，科技部联合交通运输部联合制定的《"十三五"交通领域科技创新专项规划》等文件，对智能交通发展产生了重大积极的正面影响。

从地方智能交通规划来看，智能交通发展最早是为了解决城市交通治理问题而生，1993年，深圳市因建设被国家确定为全国首批十大智能交通系统（ITS）试点示范城市，设立了ITS关键技术开发和示范工程项目。现阶段，智能交通规划的范畴已突破之前仅限于城市交通管理智能化、公安交通管理智能化的范围，延展到基础设施、产业、科技创新、信息通信等领域。

三 智能交通发展规划分类

智能交通发展规划具有跨领域、跨行业的特点，与国民经济其他产业的发展规划存在相互交叠的部分。智能交通发展规划可以分为四类：

1. 智能交通专项规划（"互联网+"便捷交通-推动智能交通发展方案、"互联网+"高效物流指导意见、数字交通规划纲要、智慧交通行动方案等）

2. 交通信息化规划（如交通运输信息化"十三五"发展规划、公路水路交通运输"十二五"信息化发展规划）

3. 交通运输科技规划（如"十三五"交通领域科技创新专项规划）

4. 信息通信等新型基础设施规划的智能交通部分（如大数据、人工智能等）

表8-2　　　　　"十三五"以来智能交通重点规划

序号	文件名	文件发布部委	时间
1	《推进"互联网+"便捷交通促进智能交通发展的实施方案》	国家发改委、交通运输部	2016年7月
2	《智能交通近期行动方案》	国家发改委等	2019年8月
3	《推进智慧交通发展行动计划（2017—2020年）》	交通运输部	2017年7月
4	《智慧交通让出行更便捷行动方案（2017—2020年）》	交通运输部	2017年9月
5	《数字交通发展规划纲要》	交通运输部	2019年7月
6	《关于推动交通运输领域新型基础设施建设的指导意见》	交通运输部	2020年8月

第二节　科研体系

智能交通是交通运输和信息通信学科重点研究的领域，也是科研成果最为密集、转化应用最为广泛的领域之一。

一　智能交通科研主管机构和支撑方式

国家科学技术主管部门在我国的智能交通科研体系发挥着重要作用，科技部高新司能源与交通处是交通科技创新主管职能部门，科技部高技术中心交通处则是交通科技创新项目实施的重要推动机构。国家发改委高技术产业司和交通运输部科技司也承担了部分智能交通科研管理职能。

科技计划（专项、基金等）是我国政府支持科技创新活动的重要方式。改革开放以来，我国先后设立了一批科技计划（专项、基金等），为提升国家科技创新水平、提高国家综合竞争力、推动经济社会发展起到了重要作用。科技部自20世纪90年代以来，利用中央财政资金，通过星火计划、国家自然科学基金、火炬计划、"863""973"以及行业专项计划来对研究院所、高校、企业等智能交通科研工作进行资助。这些科研计划的成果在特定的历史阶段为我国交通事业的发展作出了重要贡献。截至目前，我国中央财政资助的科技研发资金已经达到千亿元规模，但科技计划的产出与国家发展要求仍存在差距，许多重要领域仍然需要具有标志性、带动性、能消除"卡脖子"问题的重大科学技术突破。

2014年国务院推动了中央财政科技计划（专项、基金等）管理改革，并在2016年基本完成了改革任务。重点解决原有科技计划管理的重复、分散、封闭、低效等突出问题，进一步提高财政资金使用效率，重点将原100多个科技计划整合为国家自然科学基金、国家科技重大专项、国家重点研发计划、技术创新引导专项（基金）、基地和人才专项五大类。国家重点研发计划是最早启动改革的，也是改革的重点，其整合了原有的"973"计划、"863"计划、国家科技支撑计划、国际科技合作与交流专项，发展改革委、工业和信息化部管理的产业技术研究与开发资金，以及有关部门管理的公益性行业科研专项计划等内容，聚焦于对交通运输、能源等重大社会公益性研究，包括具有战略性、基础性、前瞻性的重大科学问题、重大共性关键技术和产品、重大国际科技合作等领域，旨在加强我国产业核心竞争力、提升我国整体自主创新能力、提升我国国家安全水平。新的智能交通国家重点研发计划更聚焦，前瞻性和实操性更强，对关键领域的支撑引领作用更大。

专栏 8-2

关于深化中央财政科技计划（专项、基金等）管理改革的方案

根据国家战略需求、政府科技管理职能和科技创新规律，将中央各部门管理的科技计划（专项、基金等）整合形成五类科技计划（专项、基金等）。

（一）国家自然科学基金

资助基础研究和科学前沿探索，支持人才和团队建设，增强源头创新能力。

（二）国家科技重大专项

聚焦国家重大战略产品和重大产业化目标，发挥举国体制的优势，在设定时限内进行集成式协同攻关。

（三）国家重点研发计划

针对事关国计民生的农业、能源资源、生态环境、健康等领域中需要长期演进的重大社会公益性研究，以及事关产业核心竞争力、整体自主创新能力和国家安全的战略性、基础性、前瞻性重大科学问题、重大共性关键技术和产品、重大国际科技合作，按照重点专项组织实施，加强跨部门、跨行业、跨区域研发布局和协同创新，为国民经济和社会发展主要领域提供持续性的支撑和引领。

（四）技术创新引导专项（基金）

通过风险补偿、后补助、创投引导等方式发挥财政资金的杠杆作用，运用市场机制引导和支持技术创新活动，促进科技成果转移转化和资本化、产业化。

（五）基地和人才专项

优化布局，支持科技创新基地建设和能力提升，促进科技资源开放共享，支持创新人才和优秀团队的科研工作，提高我国科技创新的条件保障能力。

上述五类科技计划（专项、基金等）要全部纳入统一的国家科技管理平台，加强项目查重，避免重复申报和重复资助。中央财政要加大对科技计划（专项、基金等）的支持力度，加强对中央级科研机构和高校自主开展科研活动的稳定支持。

当前，科技部在交通领域科技研发推进工作中，以《综合交通运输与智能交通重点专项》等科研计划的实施为抓手，专注于智能交通等方面的科技创新，力图全面推动交通运输转型升级发展，强化智能交通创新发展动力。在项目的选择方面，近年来结合了京津冀协同发展、长江经济带发展、雄安新区建设等国家重大战略实施，以及城市交通拥堵综合治理等社会关注的热点和焦点问题，考虑了自动驾驶和车联网发展的现实需求，提出了一系列国家重点专项研发项目。

表8-3　2018—2020年"综合交通运输与智能交通"国家重点专项研发项目

序号	方向	2020年项目	方向	2019年项目	方向	2018年项目
1	交通基础设施智能化	机场飞行区设施智能监测与互联	载运工具智能协同	高速公路智能车路协同系统集成应用	交通基础设施服役能力保持与提升	道路基础设施服役性能智能仿真（基础研究类）
2		超大跨径缆索承重桥梁智能化设计软件与核心技术标准研发	交通运行监管与协调	城市多模式交通网运行仿真系统平台开发		道路基础设施智能感知理论与方法（基础研究类）
3	载运工具智能协同	智能新能源汽车车载控制基础软硬件系统关键技术研究		城市智慧出行服务系统技术集成应用	交通重大基础设施智能联网监测与预警	道路设施状态智能联网监测预警（重大共性关键技术类）
4		路车智能融合控制与安全保障技术研发	多方式综合运输一体化	多式联运智能集成技术与装备开发		内河航道设施智能化监测预警与信息服务（重大共性关键技术类）
5	交通运行监管与协调	自主式交通复杂系统体系架构研究	综合运输安全风险防控与应急救援	综合运输网运行风险主动防控关键技术及应用	协同环境下交通要素耦合特性与群体智能控制	车路协同系统要素耦合机理与协同优化方法（基础研究类）
6		超大城市轨道交通系统高效运输与安全服务关键技术	—	在航船舶安全风险辨识与防控平台		车路协同环境下车辆群体智能控制理论与测试验证
7		基于城市高强度出行的道路空间组织关键技术	—	—	车辆智能联网联控	大规模网联车辆协同服务平台（重大共性关键技术类）
8	综合运输安全风险防控与应急救援	新能源汽车运行安全性能检验技术与装备研究	—	—	协同式智能车路系统集成与示范	封闭和半开放条件下智能车路系统测试评估与示范应用（应用示范类）

二 智能交通科研创新重要主体

科研院所、高校、企业也是承担我国智能交通科研工作的重要主体。智能交通学科交叉性强，涉及交通、汽车、自动化、网络信息、城市规划、电气电子等多领域，研究人员的科研领域背景也有较大的差别，已经形成多学科纵横交叉协同的科研力量。随着智能交通的应用范围拓展，技术手段提升，参与智能交通科研的市场主体也不断增加，如百度、滴滴等互联网企业也纷纷加强了智能交通领域研发的投入，如百度成立智能驾驶事业集群以及智能交通业务组，滴滴成立了智慧交通事业部，华为等企业成立了与智能交通高度关联的智能汽车事业部，为智能汽车提供核心组件支持。

第三节 指标体系

一 智能交通指标体系选取方式

指标体系是衡量智能交通发展水平的重要依据。由于智能交通发展多元化趋势明显，应用领域既散又专，很难通过全局性的统一量化指标进行衡量，通过加权指数等指标来进行综合衡量通常又不具有直观性。在智能交通和综合交通运输体系规划中，对智能交通的发展目标通常是用宏观定性语言进行表达界定，然后再细分领域提出微观定量目标。仅在某些智能交通专项规划和政策中，如《加快推进高速公路电子不停车快捷收费应用服务实施方案》，对部分发展任务进行微观定量界定。由于技术更迭较快，智能交通发展中长期发展指标一般不做量化衡量。

二 现有智能交通发展主要指标及含义

"十二五"以来我国智能交通发展的主要衡量指标列示如表8-4。

表8-4 交通运输规划体系中智能交通发展指标和评述

规划和政策内容	指标名称	属性	评述
"十三五"综合交通运输体系规划（2016—2020）	交通基本要素信息数字化率（%）	预期性	交通运输领域主要要素的数字化程度，衡量交通运输领域，目前该指数已经达到100%
	铁路客运网上售票率（%）	预期性	采用12306平台或其他网络平台进行铁路客运购票的比例，随着移动互联网的普及，该指数还将不断提升，目前我国铁路客运网上售票率已接近85%
	公路客车ETC使用率（%）	预期性	随着2019年国家大力普及ETC应用，该指数已经大幅上升，预计在"十四五"期可以达到90%
车联网指导意见	车联网用户渗透率	预期性	该车联网为广义的车联网，指具备了移动通信功能的车辆的比例，包括具备了3G/4G/5G等通信模块，或是搭载了C-V2X/DSRC终端的比例
	新车驾驶辅助系统（L2）搭载率	预期性	L2级驾驶辅助系统是相对低级别的车辆辅助驾驶系统，技术已经较为成熟，一般作为车辆选配设施，未来普及水平还会进一步地提升
	联网车载信息服务终端的新车装配率	预期性	已经前装了车辆信息服务终端的汽车比例，与车联网用户渗透率密切相关
智能汽车创新发展战略	车用无线通信网络（LTE-V2X等）覆盖率	预期性	车用无线通信网络很难与移动通信网络的覆盖率进行对比，当前只能关注重点区域、线路，结合关键应用进行覆盖
	新一代车用无线通信网络（5G-V2X）覆盖率	预期性	LTE-V2X网络的升级演进版本，需要结合5G-V2X新版标准进行部署，较LTE-V2X具有更为强大的功能
加快推进高速公路电子不停车快捷收费应用服务实施方案	全国ETC用户数量	约束性	ETC用户数量，将大幅提升高速公路出入口运行效率，提高高速公路效益，降低公路污染排放量，提高高速公路管理水平
	高速公路收费站ETC覆盖率	约束性	目前高速公路收费站ETC覆盖率已经达到100%
	高速公路不停车快捷收费率	约束性	与ETC用户数量和普及程度密切相关，目前已经超过90%

续表

规划和政策内容	指标名称	属性	评述
加快推进高速公路电子不停车快捷收费应用服务实施方案	人工收费车道支持移动支付等电子收费方式比率	约束性	所有人工车道都可兼容移动支付手段，而不仅是支持取卡计费，目前已经实现100%
	大中城市、新建城镇、旅游景区周边收费站ETC专用车道占比	约束性	ETC功能进一步拓展，使用区域进一步扩大
	客运联网售票二级及以上客运站覆盖率	约束性	目前全国已经基本完成道路客运联网售票系统建设，全国道路客运联网售票统一服务

为推动综合交通运输体系和智能交通高质量发展，需要建立更加完备的发展指标体系，针对智慧公路和自动驾驶、智慧航运等交通运输新型基础设施建设，应探索加入更多满足发展要求的指标，例如智能汽车比重、车联网设施覆盖率等。

第四节　标准体系

一　智能交通标准体系发展现状

智能交通系统标准体系是智能交通系统的重要组成部分，是为实现智能交通系统功能、性能以及一致性的标准化而构成的体系，主要对术语、编码、接口、产品和服务制定标准进行界定。智能交通系统标准体系根据互联互通的要求进行协调统筹处理，构建系统内标准结构，推动标准之间配套、协调，避免出现矛盾及不合理等问题。制定智能交通系统标准体系，是为了实现智能交通系统在行业、城市、区域、国家或国际范围内全面兼容。

我国的智能交通系统标准体系明细表包括序号、标准名称、标准代号和编号、级别、采用国际国外标准的程度、采用的或相应的国际国外标准号等内容。国际标准通常体现了国际较先进的技术水平，国内行业标准制定时，经常直接采用国际和国外先进标准，或对国外标准进行本地化优化修改后采用，两者结合形成我国的国家和行业标准。这被认为是既经济又实用的引进模式，也可以强化与国外系统的互联互通能力。

专栏 8-3

智能交通国际标准体系

1992 年国际标准化组织 ISO 设置了 204 技术委员会（TC204），即交通信息与控制系统（TICS）技术委员会，全面负责智能交通系统领域的标准化工作。2001 年 4 月在夏威夷召开的全体会议上，一致通过将 TC204 的名称更改为智能运输系统（ITS）技术委员会。中国是 TC204 具有投票资格的参加成员国。目前，ISO/TC204 已发布涉及地理数据、电子收费、自动车辆和设备识别等八项标准。其他与 ITS 相关的 ISO 技术委员会包括：ISO/INFCO 信息系统和服务委员会；ISO/TC22 道路车辆技术委员会；ISO/TC211 地理信息技术委员会；ISO/IEC JTC1/SC31 信息技术 / 自动识别和数据获取技术委员会；ISO/TC154 工商行政管理中的过程、数据资料和文件技术委员会等。

此外，我国也存在大量根据国内本地化需求制定的智能交通标准，这些标准在国内经过验证和大规模应用后，经国际标准组织审议，也上升成为国际标准，在国际范围全面通用，为我国的技术装备"走出去"奠定了坚实基础。当前，我国正在加快推动智能交通系统标准的国际化，针对同一要素制定的标准，需要国际标准化组织中国分部（如 ISO/204 中国秘书处）渠道，将国内标准转化为国际标准。

图8-1 合作式智能运输系统 专用短程通信 第3部分：网络层和应用层规范（左）和第4部分：设备应用规范（右）

表8-5 我国智能交通系统标准体系总体结构及标准要素集群

分类代码	分体系名称	标准要素集群
100	智能交通系统通用标准	报告编制方法、审查规程、通用方法
101	术语及定义	术语、缩略语、符号、标志
102	基础信息分类编码及表述	分类、代码、编码规则、数据字典
103	数字地图及定位	数字地图分类、编码、数据格式、定位信息交换、设备技术条件
200	分系统标准	——
201	专用通信	电子收费、停车、有限控制、车辆间、车路间、车内显示设备短程通信、运输信息、交通控制、专用集群系统通信
202	信息服务	信息服务定义、编码、数据词典、数据格式、设备技术要求、线路诱导信息规范及物流接口
203	交通与紧急事件管理	交通管理外场设备、交通管理中心、交通事故、紧急事件、停车管理
204	电子收费	电子收费信息交换、设备技术条件、测试及管理规程、电子收费清算

续表

分类代码	分体系名称	标准要素集群
205	综合运输及运输管理	通用信息交换、电子数据交换、停车管理、客运、货运、危险品运输
206	车辆辅助驾驶与自动公路	辅助驾驶、自动驾驶、安全及警告、车辆盗后系统

为推动产业界、学术界、政府部门合作模式的创新，全面推动交通运输现代化发展，我国依托交通运输部公路研究院成立了智能交通产业联盟组织。该联盟主要以标准制定为抓手，着力提高标准的实用性和产业引导性，以市场为导向、以企业为主体，打造完善的智能交通产业链和良好的产业生态环境。智能交通产业联盟自 2013 年成立以来取得了广泛的成果。联盟重点推动技术标准的制订，并同步开展技术测试检测、项目申报、科技成果转化、知识产权交易与保护、国际交流与合作等相关工作，目前联盟已经是亚太智能交通协会理事成员、智能交通世界大会理事成员单位，是中国智能交通领域的国际窗口，截至 2019 年 12 月，联盟现有成员单位 288 家，95% 的成员来自全球性智能交通产业界。联盟下设车载信息服务与安全工作组、合作式智能交通工作组、出行信息服务工作组、公共交通工作组、智能驾驶工作组、营运车辆工作组、交通运输信息安全工作组、知识产权特别工作组等。

工业和信息化部中国信息通信研究院、中国汽车研究院在车联网、智能网联汽车等行业组织在技术标准制定领域也取得了较为丰硕的成果，制定标准后产业化落地效果相对较好，例如基于移动通信网络演进规律形成了 C-V2X 标准体系。预计 2020 年我国将实现《国家车联网产业标准体系建设指南（智能网联汽车）》第一阶段建设目标，形成能够支撑驾驶辅助及低级别自动驾驶的智能网联汽车标准体系。

而在铁路、民航领域，由于我国铁路采用全路统一指挥调度的体制机制，铁路内部的智能化标准通常即全国通用的标准。而民航与国际化接轨较为彻底，通常智能化标准直接采用国际标准。

专栏 8-4

国家车联网产业标准体系建设指南（智能网联汽车）

到 2020 年，初步建立能够支撑驾驶辅助及低级别自动驾驶的智能网联汽车标准体系。制定 30 项以上智能网联汽车重点标准，涵盖功能安全、信息安全、人机界面等通用技术以及信息感知与交互、决策预警、辅助控制等核心功能相关的技术要求和试验方法，促进智能化产品的全面普及与网联化技术的逐步应用。

到 2025 年，系统形成能够支撑高级别自动驾驶的智能网联汽车标准体系。制定 100 项以上智能网联汽车标准，涵盖智能化自动控制、网联化协同决策技术以及典型场景下自动驾驶功能与性能相关的技术要求和评价方法，促进智能网联汽车"智能化 + 网联化"融合发展，以及技术和产品的全面推广普及。

二 智能交通标准体系发展面临的问题和挑战

我国目前已经形成了较为完备的智能交通标准体系，但是由于我国智能交通发展领域高度多元，地方差异较大，智能交通项目在实施时大部分是以企业为主体进行建设和运营，信息数据和设备设施的融合考虑较少，甚至还有部分企业为了增加市场进入的门槛，采用特有的信息编码和设备安装调试方式，大部分标准实际上未得到很好的执行。另外由于智能交通领域大部分标准为推荐性技术标准，企业没有内在动力去推进、执行部分国家技术标准。

与我国其他标准体系相比，智能交通系统标准体系的形成和制定环境有较大差异，如交通行业标准体系、集装箱标准体系等是在行业发展较为成熟，将标准积累到一定程度后优化形成的。智能交通系统尚处于快速发展阶段，技术更迭和商业模式变化较快，通过长周期的应用检验后形成的标准通常跟不上行业的最新变化，需要较高频率制定新标准或及时修订原有标准体系、废止过时标准，保证标准化既不是智能交通发展的桎梏，也不是高高在上的摆设。标准化工作需要对智能交通发展和技术进步起到实实在在的作用。

三 智能交通标准化工作思路

我国智能交通标准体系建设，应该充分融合各行业各部门的需求和诉求，依托宏观管理部门加强行政统筹，以标准化管理部门推动构建完备的智能交通标准化体系，把智能交通标准制定好、利用好、引进好，逐步破除行业、区域、国内、国际信息互联互通障碍，提升智能交通系统整体运行能力，提高我国智能交通产业的国际竞争力。构建适应交通运输现代化的标准规则体系，强化国际国内标准的衔接，完善覆盖基础设施智能化的技术标准。探索形成《自动驾驶公路技术标准》《综合交通枢纽智能化标准》等，加强全链条标准体系建设。

第九章
智能交通高质量发展的管理体制机制

第一节 政府机构与管理机制

一 我国智能交通管理机制沿革

我国的智能交通发展与世界基本同步。1994年，巴黎召开第一届智能交通系统世界大会（ITS World Congress）正式拉开了全球智能交通大发展的序幕，我国也开展了智能交通的研究和应用工作，同步组织设立相关的管理机构。

1998年初，为推动我国智能交通的发展，科技部会同国家计划委员会、国家经济贸易委员会、公安部、铁道部、交通运输部等部委联合建立了发展智能交通的政府协调领导机构——全国智能运输协调领导小组及办公室，第一任全国ITS协调指导小组组长为科技部马颂德副部长。全国智能运输系统协调领导小组及办公室的主要职能是负责组织研究制定中国智能运输系统发展的总体战略、技术政策和技术标准，以及相关的扶持政策；支持有关部委、地方、企业及科研单位开展智能交通的研发，根据行业、地区特点开展智能交通关键技术应用示范促进产业化；推动和组织国际交流与合作，支持开展智能交通教育与培训，并开展宣传与科普工作。在设立全国智能学术协调领导小组及办公室的同时，我国还同步成立了智能交通专家咨询委员会，组织全国智能交通相关领域的100余名专家研究制定了中国智能交通框架。该研究成果提出了初步适应我国交通业现状和发展趋势的智能交通体系框架、逻辑块结构，提出了我国智能交通规划实施以及经济和技术的评估，并明确全国智能交通的总体内容和各部分相互关系，明确了政府企业和用户在智能交通发展中所处的角色和应起的作用。

二 我国智能交通管理机制现状

近年来，由于各部委管理体制改革、机构职能调整较大，多部委联合成立的全国智能交通系统协调指导小组现已基本停止运作，同时，迫切需要从国家层面重新设立相应的专门管理机构统筹各方力量，加强顶层设计、引导发展方向、规范技术标准、改善发展环境。现阶段，国家智能交通发展的协调推进工作，由国家发改委、交通运输部、公安部、科技部、中央网信办、工业和信息化部、财政部、商务部、住房和城乡建设部、工商总局、国家标准委、中国国家铁路集团有限公司、国家铁路局、国家民航局等多部委联合执行，形成从国家层面推动智能交通发展的主体力量。

在这一管理机制推动下，智能交通发展在政策层面取得了有效的进展。主要包括：继2016年国家发改委联合交通运输部印发《推进"互联网+"便捷交通 推进智能交通发展的方案》后，首次就智能交通发布了总体框架和实施方案；2019年国家发改委联合交通运输部、科学技术部、工业和信息化部、公安部、住房和城乡建设部、国家市场监督管理总局、国家铁路局、中国民用航空局、中国国家铁路集团有限公司印发了《智能交通发展近期行动方案》，初步确立协同推进智能交通发展的体制机制。

同时，国家发改委和交通运输部加快推进智能交通"三中心一基地"建设。"三中心"是指智能交通政策研究中心、智能交通标准化中心、智能交通关键技术研究中心，"一基地"是智能交通发展应用推广基地。希望以此作为推动智能交通发展的重要抓手，打造国内顶尖、国际一流的智能交通发展支撑平台，推动其成为智能交通领域相关战略决策、政策应用和产业发展的重要依托，成为智能交通技术自主创新的重要源头和应用研究成果产业化的重要渠道。

专栏 9-1

我国智能交通领域重要研究机构

国家智能交通政策研究中心依托于国家发展和改革委员会综合运输研究所，隶属于我国国家高端智库——国家发展和改革委员会宏观经济研究院，是国家智能交通战略和政策制定的重要研究机构。

国家智能交通系统工程技术研究中心依托交通运输部公路科学研究院运行，并与智能交通技术交通运输行业重点实验室、全国智能运输系统标准化技术委员会（SAC/TC268）三位一体，构成面向全国智能交通运输领域技术研究和应用开发的国家级高新技术研发实体。ITSC主要针对智能交通发展中存在的重大技术问题进行研发及成果工程化、产业化。同时为国家和地方提供政策咨询与技术支持。

中国智能交通协会由科技部、公安部、交通运输部、住房和城乡建设部、中国铁路总公司、中国民航局共同发起成立，智能交通领域相关企业、事业单位、社会组织及个人自愿参加，经民政部批准成立的具有法人资格的全国性、行业性的非营利社会组织。协会业务主管单位为科技部。

此外，相关部委还在组建国家智能交通发展专家委员会，委员会主要就我国智能交通的发展战略、规划、政策和建设项目等建言献策，为国家智能交通协调推进的相关决策提供咨询建议，组织召开智能交通工作推进会，整体推进智能交通发展等。

当前，在新的历史机遇面前，需紧密结合国家重大战略和现代综合交通运输体系发展趋势，进一步强化国家智能交通发展顶层设计，明确智能交通发展战略，统筹协调智能交通项目规划、建设及运行管理，细化任务措施，打通智能交通发展全链条，营造开放的智能交通技术开发应用环境，推进智能交通创新能力建设和先进技术应用推广，进而推进我国智能交通产业做大做强。

第二节 市场发挥主导地位

一 智能交通发展由政府引导、市场主导来实现

智能交通发展具有明显的政府引导下的市场化发展特征。大量的智能交通投资都是由企业完成的。智能交通发展具有非常明显的城市、部门、地域的多元化特征，前期建设和后期运营密切相关，后期运营期间对场景要求很高。未来，需要进一步强化企业在智能交通领域的主体地位，更多靠企业的应用场景建设需求来打造智能交通系统。

二 智能交通政府与市场的关系

从领域来看，政府和市场化企业在公路、铁路、航运、机场等智能交通的不同应用场景，承担不同的职能。智慧公路主要由省高速公路集团公司投资改造和实际运营，管理上归口为公路信息化；智能铁路主要由中国国家集团公司进行规划和指导，由地方铁路局集团公司车务、电务等部门主导建设和运营，中国通号集团公司、中国中车、中国中铁、中国铁建等企业承建并提供技术支撑；智能航运发展主要分为航道和港口两部分。数字航道等航道智能化项目通常由各级政府航运管理部门负责建设、运营；智慧港口通常是由港口港区业主及运营企业承担智能化改造。智慧机场主要是由机场所属的机场集团公司负责承担建设、运营，智慧空管是在中国民航局的指导下，由地方民航管理局服务实施。

从城市交通来看，城市是智能交通发展的重要载体。城市智能交通发展分为智能城市交通管控和智能城市交通服务等部分，分属公安交警和交通运输等部门管辖。智能城市交通管控系统由政府主导，公安交警等部门主导建设，包含了城市交通信号控制、非现场执法、综合指挥调度等业务板块。智能城市交通服务主要由交通部门主导，包

含了智慧公交、智能城市轨道交通、智慧停车、互联网预约出租汽车、互联网租赁自行车、出行信息服务等板块，目前滴滴、悦畅等市场化主体基于互联网平台也开展了一系列城市交通服务工作。

智慧平台主要指交通互联网服务平台，具有跨领域、跨部门、跨地域开展服务的特点，是我国当前新技术、新业态、新模式等创新的重要载体，其发展以市场化为主导，政府引导为辅，融合了运输服务、交易支付、娱乐休闲等功能。此外，智慧平台也是推动政府治理体系和治理能力现代化的重要抓手，是实现行业和领域监管管理优化提升的重要基础。

第三节 理顺中央与地方发展关系

一 地方和行业多元化自主发展是早期发展特征

我国智能交通发展最早的应用之一是城市交通管理部门采用智能交通管控系统。从 20 世纪 80 年代起，部分大城市开始引进国外的先进交通信号控制系统，并根据本地的实际情况进行优化改造，在城市道路和高速公路上开展智能化应用。铁路、民航、水路等行业企业也在同一时期开始对设施、载运装备进行信息化改造提升，智能化改造进程基本与国际保持同步，目前智能化水平保持在全球较高水平。这种以地方和行业探索研究应用，自主推进智能交通的情况在行业发展初期非常普遍，因此各地区、各行业形成了多套不同的技术标准和体系。如北京市的交通控制系统，同时采用国内外多家企业的系统装备，而这些系统装备采用了不同技术标准，以至于需要重新构建一套互联互通的平台来使各类技术标准的系统能够协同运作。

二 推动央地统筹发展是必然趋势

随着我国经济社会不断发展，城市智能化水平全面提升，都市圈扩展延伸使得区域经济一体化水平不断提升，城市交通和都市圈城际交通的服务范畴逐步模糊，各地方、各行业分头主导的智能交通发展模式的问题也在逐步显现，技术标准不统一使得城市、行业各智能系统的互联互通协同运作的成本，在应用部署规模扩大的情况下提升，一定程度上阻碍了综合交通运输一体化发展进程，因此建设综合交通运输体系成为共识。在互联网技术深度演进发展的背景下，未来在全国层面统筹智能交通发展是必然趋势，平台化整合是大势所趋。全国范围内智能交通服务和管理"一张网"，交通运输客货信息多尺度、跨城市互联互通是必然选择。

第十章
推动智能交通高质量发展的保障措施

为推动智能交通高质量发展，应厚植智能交通发展的保障基础，加强智能交通的组织保障，强化智能交通战略引导作用；优化政府和社会资金使用，强化智能交通资金保障；盘活信息数据资源要素，充分发挥数据信息潜能；进一步完善创新人才保障措施，增强创新要素支撑作用。

第一节 组织保障

加强对智能交通发展的顶层设计、总体部署、统筹协调，注重各项政策的前瞻性、系统性、协调性和针对性，充分发挥国家规划的战略导向作用。构建有利于智能交通的全方位政策支持体系，强力支撑交通现代化的推进与实施，促进交通运输高质量发展。准确把握各项改革措施出台的时机、力度和节奏，形成良性互动、协同推进的局面。详细拟定智能交通战略实施路线图，细化智能交通战略和目标的实施方案。研究制定相关分行业、分领域专项规划，科学制定阶段工作重点。建立重大工程项目实施机制，在全国选择有条件的地区积极开展智能交通发展的试点示范，分阶段分场景细化细分试点示范的目标、任务、内容以及模式和机制等，积累好的经验和做法，成熟后进一步向全国复制推广。各级地方政府、各部门应该加强组织领导，明确职责分工，结合实际主动作为，积极推进实施重点示范项目，抓好任务落实。

第二节 资金保障

优化政府投资安排方式，充分发挥政府资金的引导作用和乘数效应，选取具有较强公益性、具有全局战略意义、能够带动智能交通技术应用和关键核心技术研发的重点项目进行支持。统筹建设与运营等资金需求全周期全环节，强化中央预算内投资、车购税的使用强度和使用效率，推动各地方和部门加大资金投入，利用预算内资金推动重点新建智能交通基础设施和既有交通基础设施的智能化改造工程。探索利用既有融资平台和新建投融资平台，进一步优化资本金注入方式和比例，对于部分项目可采取投资补助、贷款贴息等方式进行引导。探索设立智能交通相关设施建设基金、公共服务发展基金以及政府出资产业投资基金等各类基金。有效发挥政府投资的引领示范和杠杆作用，充分吸引社会资本参与智能交通项目的建设和运营。加强交通运输科技资金投入，在国家预算内，建立稳定的交通科技资金。重点面向自动驾驶、车联网、公路安全、绿色公路、长寿命公路等公路发展关键领域，发挥好财政科技投入的引导激励作用和市场配置各类创新要素的导向作用，优化创新资源配置，引导社会资源投入公路创新发展。

第三节 数据保障

完善智能交通数据信息采集处理体制机制。推动交通运输、统计和行业运营企业构建智能交通新型统计体制机制，构建智能交通官方统计口径。提升智能交通统计数据实时性、精准性和全面性，为智能交通和综合交通运输发展提供统计保障。强化数据作为经济社会发展的重要要素作用，盘活政府、企业和行业领域相关部门的数据资源，强化整合利用，强调共享融通，让数据资源发挥更大的作用。推动信用信息双向对接，实现交通运输领域公共信用信息开放，支持市场主体依法获取承运人守法信用、银行信用以及"信用中国"网站相关公共信用信息，促进共享交通发展。将各类市场主体形成的承运人信用记录纳入全国信用信息共享平台。健全智能交通网络安全保障体系。加强车联网、船联网等网络安全风险防控，提升技术保障能力，加强重点网站、信息系统和客户端的运行安全监测预警，定期开展安全风险和隐患排查，增强应急处置能力。增强国家信息安全责任意识，保障高精度、高敏感的交通信息安全，防止侵犯个人隐私和滥用用户信息等行为。须将提供交通服务的互联网平台企业数据服务器设置在我国境内。

第四节　创新保障

围绕创新能力需求，加强公路人才发展统筹规划和分类指导，以高层次战略性专家人才、各专业领域领军人才和创新型专门人才培养为重点，发挥交通科技创新战略性专家作用。完善交通科技人才的培养和运用机制体制，优化交通科技带头人的培养机制，积极推进科技创新团队建设，催生跨学科跨领域人才。强化国际化交通人才培养，包括培养国际上具有话语权的人才、可处理巨型项目能力的专业人才、国际组织人才，强化人才国际交流与合作。

附件一

我国智能交通规划和政策列表

序号	时间	领域	文件名	文件印发机构	主要内容
1	2016年7月28日	综合交通	《推进"互联网+"便捷交通 促进智能交通发展的实施方案》	国家发改委、交通运输部	以旅客便捷出行、货物高效运输为导向,全面推进交通与互联网更加广泛、更深层次的融合,加快交通信息化、智能化进程,创新体制机制,优化营商环境,充分发挥企业市场主体作用,增加有效供给,提升效率效益,推动交通供给侧结构性改革,为我国交通发展现代化提供有力支撑
2	2019年7月25日	综合交通	数字交通发展规划纲要	交通运输部	促进先进信息技术与交通运输深度融合,以"数据链"为主线,构建数字化的采集体系、网络化的传输体系和智能化的应用体系,加快交通运输信息化向数字化、网络化、智能化发展,为交通强国建设提供支撑
3	2020年8月3日	综合交通	交通运输部关于推动交通运输领域新型基础设施建设的指导意见	交通运输部	围绕加快建设交通强国总体目标,以技术创新为驱动,以数字化、网络化、智能化为主线,以促进交通运输提效能、扩功能、增动能为导向,推动交通基础设施数字转型、智能升级,建设便捷顺畅、经济高效、绿色集约、智能先进、安全可靠的交通运输领域新型基础设施

续表

序号	时间	领域	文件名	文件印发机构	主要内容
4	2016年7月29日	物流	"互联网+"高效物流实施意见	国家发改委	顺应物流领域科技与产业发展的新趋势,加快完善物流业相关政策法规和标准规范,推动大数据、云计算、物联网等先进信息技术与物流活动深度融合,推进"互联网+"高效物流与大众创业万众创新紧密结合,创新物流资源配置方式,大力发展商业新模式、经营新业态,提升物流业信息化、标准化、组织化、智能化水平,实现物流业转型升级,为国民经济提质增效提供有力支撑
5	2018年12月24日	物流	国家物流枢纽布局和建设规划	国家发改委、交通运输部	增强国家物流枢纽平台支撑能力。加强综合信息服务平台建设。鼓励和支持国家物流枢纽依托现有资源建设综合信息服务平台,打破物流信息壁垒,推动枢纽内企业、供应链上下游企业信息共享,实现车辆、货物位置及状态等信息实时查询;依托国家交通运输物流公共信息平台等建立国家物流枢纽间综合信息互联互通机制,促进物流订单、储运业务、货物追踪、支付结算等信息集成共享、高效流动,提高物流供需匹配效率,加强干线运输、支线运输、城市配送的一体化衔接
6	2019年8月12日	综合交通	智能交通发展近期行动方案	国家发改委、交通运输部	以旅客便捷出行、货物高效运输为导向,聚焦出行体验、服务品质以及物流效率、管理效能等重点领域和关键环节,加快推进实施七大行动,提升交通供给质量和服务水平,为形成适应智能经济、智能社会的综合交通运输体系奠定坚实基础

续表

序号	时间	领域	文件名	文件印发机构	主要内容
7	2017年1月22日	综合交通	推进智慧交通发展行动计划(2017—2020年)	交通运输部	以方便公众出行、提高运输效率、增进交通安全、加强环境保护为切入点，按照"目标导向、模块推进、示范引领、市场驱动"的原则，聚焦基础设施、生产组织、运输服务和决策监管等重要领域，加快智慧交通建设，提升基础能力，加强集成应用。以试点示范为抓手，着力实现重点突破
8	2017年9月26日	客运交通	智慧交通让出行更便捷行动方案（2017—2020年）	交通运输部	推动企业为主体的智慧交通出行信息服务体系建设，促进"互联网+"便捷交通发展，让人民群众出行更便捷
9	2020年1月3日	民航	中国民航四型机场建设行动纲要（2020—2035年）	中国民航局	智慧机场是生产要素全面物联，数据共享、协同高效、智能运行的机场。加快信息基础设施建设，实现数字化。推进数据共享与协同，实现网络化。推进数据融合应用，实现智能化。切实保障信息安全
10	2018年12月25日	车联网	车联网（智能网联汽车）产业发展行动计划	工业和信息化部	以网络通信技术、电子信息技术和汽车制造技术融合发展为主线，充分发挥我国网络通信产业的技术优势、电子信息产业的市场优势和汽车产业的规模优势，优化政策环境，加强跨行业合作，突破关键技术，夯实产业基础，推动形成深度融合、创新活跃、安全可信、竞争力强的车联网产业新生态
11	2018年10月25日	车联网	车联网（智能网联汽车）直连通信使用5905-5925MHz频段管理规定（暂行）	工业和信息化部	为促进智能网联汽车在我国的应用和发展，满足车联网等智能交通系统使用无线电频率的需要，规划5905-5925MHz频段作为基于LTE-V2X技术的车联网（智能网联汽车）直连通信的工作频段。为支持国家经济特区、新区、自由贸易试验区等加快智能交通系统建设，在明确建设运营主体的前提下，可由省、自治区、直辖市无线电管理机构报国家无线电管理机构同意后实施频率使用许可

附件一 我国智能交通规划和政策列表

续表

序号	时间	领域	文件名	文件印发机构	主要内容
12	2019年5月28日	公路	加快推进高速公路电子不停车快捷收费应用服务实施方案	国家发改委、交通运输部	创新ETC发展模式，强化ETC应用与服务，提升ETC使用率，加快推进多种电子收费方式融合协同发展，提高高速公路通行效率，更好地服务经济社会发展。到2019年12月底，全国ETC用户数量突破1.8亿，高速公路收费站ETC全覆盖，ETC车道成为主要收费车道，货车实现不停车收费，高速公路不停车快捷收费率达到90%以上，所有人工收费车道支持移动支付等电子收费方式，显著提升高速公路不停车收费服务水平
13	2018年12月27日	水路	智能船舶发展行动计划（2019—2021年）	工业和信息化部、交通运输部、国防科工局	以现代信息技术和新一代人工智能技术与传播技术跨界融合为主线，以提升传播安全性、经济性、环保性和高效性为核心，以加快传播智能技术工程化应用为中心，大力推动协同创新，积极探索产业新业态和新模式，支撑我国智能航运建设，促进我国船舶工业高质量发展
14	2017年1月24日	水路	交通运输部关于开展智慧港口示范工程的通知	交通运输部	创新港口发展新模式、新业态，培育港口发展新动能，推进互联网、物联网、大数据等信息技术与港口服务和监管的深度融合，深化政企间、部门间的信息开放共享和业务协同，为加快港口转型升级、推进行业治理体系和治理能力现代化提供有力支撑
15	2018年2月28日	公路	交通运输部关于加快推进新一代国家交通控制网和智慧公路试点的通知	交通运输部	推动新一代国家交通控制网及智慧公路试点有序开展，防止试点同质化、碎片化。开展基础设施数字化、路运一体化车路协同、北斗高精度定位综合应用、基于大数据的路网综合管理、"互联网+"路网综合服务、新一代国家交通控制网等试点

续表

序号	时间	领域	文件名	文件印发机构	主要内容
16	2019年12月2日	综合交通	交通运输部关于开展交通强国建设试点工作的通知	交通运输部	推广与智能交通装备协同的新一代交通基础设施，发展自动驾驶、智能航运等技术，推动智慧铁路、智慧高速（干线）公路、智慧港口、智慧机场、智能航运试验区等建设，发展自动化快递分拨中心和快递无人机，大力提升基础设施智能化水平。建设综合交通运输大数据中心，打造基于城市智能交通系统的城市"交通大脑"。推进跨部门跨区域信息合作共享
17	2020年2月10日	公路和城市交通	智能汽车创新发展战略	国家发改委、中央网信办、科技部、工业和信息化部、公安部、财政部、自然资源部、住房城乡建设部、交通运输部、商务部、市场监管总局	充分发挥集中力量办大事的制度优势和超大规模的市场优势，以供给侧结构性改革为主线，以发展中国标准智能汽车为方向，以建设智能汽车强国为目标，以推动产业融合发展为途径，开创新模式，培育新业态，提升产业基础能力和产业链水平
18	2019年5月9日	水路	智能航运发展指导意见	交通运输部、中央网信办、国家发改委、教育部、科技部、工业和信息化部、财政部	准确把握当今世界航运与高新技术融合发展的方向，以改革创新为动力，以培育航运新业态为主线，全面深化航运供给侧结构性改革，积极推动产业协同创新与发展，努力提高我国航运和相关产业竞争力，加快推动交通强国、创新型国家和现代化经济体系建设，为实现社会主义现代化强国目标作出贡献

续表

序号	时间	领域	文件名	文件印发机构	主要内容
19	2015年5月7日	综合交通	关于当前更好发挥交通运输支撑引领经济社会发展作用的意见	国家发改委	全面推进交通智能化。实施交通"互联网+"行动计划，研究建设新一代交通控制网工程。建设多层次综合交通公共信息服务平台、票务平台、大数据中心，逐步实现综合交通服务互联网化。实施区域"一卡通"工程，建立交通基础设施联网监控系统，加快推进高速公路不停车联网收费系统（ETC）建设
20	2016年4月29日	综合交通	交通运输信息化"十三五"发展规划	交通运输部	大力推进智慧交通建设，不断提高交通运输信息化发展水平。以行业信息化重点工程和示范试点工程为依托，着力落实国家信息化战略任务，对接国家电子政务工程建设，支撑三大战略实施，深化行业信息化应用，完善信息化发展环境，努力实现交通运输信息的上下贯通、左右连通和内外融通，促进现代综合交通运输体系发展
21	2015年8月31日	交通旅游	促进大数据发展行动纲要	国务院	交通旅游服务大数据。探索开展交通、公安、气象、安监、地震、测绘等跨部门、跨地域数据融合和协同创新。建立综合交通服务大数据平台，共同利用大数据提升协同管理和公共服务能力，积极吸引社会优质资源，利用交通大数据开展出行信息服务、交通诱导等增值服务。建立旅游投诉及评价全媒体交互中心，实现对旅游城市、重点景区游客流量的监控、预警和及时分流疏导，为规范市场秩序、方便游客出行、提升旅游服务水平、促进旅游消费和旅游产业转型升级提供有力支撑
22	2017年7月8日	综合交通	新一代人工智能发展规划	国务院	智能交通。研究建立营运车辆自动驾驶与车路协同的技术体系。研发复杂场景下的多维交通信息综合大数据应用平台，实现智能化交通疏导和综合运行协调指挥，建成覆盖地面、轨道、低空和海上的智能交通监控、管理和服务系统

续表

序号	时间	领域	文件名	文件印发机构	主要内容
23	2018年4月3日	智能汽车	智能网联汽车道路测试管理规范（试行）	工业和信息化部、公安部、交通运输部	测试主体向拟开展测试路段所在地的省、市级政府相关主管部门提出道路测试申请。申请材料应至少包括：测试主体、测试驾驶人和测试车辆的基本情况；交通事故责任强制险凭证，以及每车不低于五百万元人民币的交通事故责任保险凭证或不少于五百万元人民币的自动驾驶道路测试事故赔偿保函等
24	2016年6月6日	综合交通	关于推动交通提质增效提升供给服务能力的实施方案	国家发改委、交通运输部	加强互联网等现代信息技术在交通领域的应用，提供便捷交通运输服务，提高交通资源利用效率，提升运输组织管理水平。实施"互联网+"便捷交通工程、交通信息互通工程、票务整合工程、交通大数据工程、交通控制网工程
25	2020年3月24日	车联网	关于推动5G加快发展的通知	工业和信息化部	促进"5G+车联网"协同发展。推动将车联网纳入国家新型信息基础设施建设工程，促进LTE-V2X规模部署。建设国家级车联网先导区，丰富应用场景，探索完善商业模式。结合5G商用部署，引导重点地区提前规划，加强跨部门协同，推动5G、LTE-V2X纳入智慧城市、智能交通建设的重要通信标准和协议。开展5G-V2X标准研制及研发验证
26	2017年5月2日	交通科技	"十三五"交通领域科技创新专项规划	科技部、交通运输部	以满足构建我国安全、便捷、高效、绿色现代综合交通运输体系和国家总体安全重大需求为总体目标，强化人工智能、新材料和新能源等赋能/赋性技术与交通运输需求的深度融合，大力发展高效能、高安全、综合化、智能化的系统技术与装备，形成满足我国需求、总体上国际先进的现代交通运输核心技术体系。培育壮大新能源载运工具、现代轨道交通、现代通航运输、绿色水运装备等产业，提升我国交通运输业和装备制造业的核心技术全球竞争力和产业可持续发展能力

续表

序号	时间	领域	文件名	文件印发机构	主要内容
27	2017年	铁路	铁路信息化总体规划	中国铁路总公司	以总公司发展战略为指导，以"强基达标、提质增效"为主题，以建设智慧铁路为主攻方向，以构筑与世界铁路强国地位相适应的信息化能力为目标，着力打造一体化信息集成平台，着力深化业务系统应用，着力完善网络安全和信息化治理体系，着力提升信息化支撑生产经营、客户服务、开放共享能力，促进中国铁路发展从规模速度型向质量效益型转变，从运输生产型向运输物流型转型，在全面提升铁路运营效率效益、增强总公司核心竞争力中发挥重要作用
28	2017年7月12日	综合交通	北京市"十三五"时期智慧交通发展规划	北京市交通委	构建泛在互联、协同高效、融合创新、开放共享的新一代智慧交通服务体系，实现区域交通协同发展水平全面提升、交通动态感知水平全面提升、交通行业治理现代化水平全面提升、交通出行服务品质全面提升，确立北京智慧交通总体国内领先，重点领域国际领先的地位。归纳起来共有六项，简称"两通、两融、两新"，两通就是京津冀系统互联互通和人车路货互联互通，两融就是信息化与业务深度融合和互联网与交通深度融合，两新就是交通大数据应用创新和交通领域新技术集成创新
29	2016年12月30日	综合交通	天津市智能交通"十三五"发展规划	天津市交通委	着力打造智能交通基础平台，增强交通基础设施运载装备的智能感知能力，着力推进信息化与交通运输业务的深度融合，深化交通政务信息化应用，着力引导扶持交通运输生产组织现代化，着力推动交通信息服务市场化，鼓励社会资本开发多种多样的交通公共信息服务产品，初步建立决策科学、管理智慧、生产智能、服务人文的智能交通体系

续表

序号	时间	领域	文件名	文件印发机构	主要内容
30	2010年9月1日	综合交通	深圳市智能交通"十二五"发展规划	深圳市发展与改革委员会、深圳市交通运输委员会、深圳市公安局交通警察局	在道路交通框架结构优化、运输系统一体化、全面信息化的政策指引下，由多种运输方式按着功能组合、优势互补、技术先进、合理竞争、资源节约的原则进行网络化布局发展，共同构建形成的有效满足社会经济发展需要、一体化紧密衔接、运行高效的城市交通有机整体
31	2016年9月29日	车联网	重庆市推进基于宽带移动互联网的智能汽车和智慧交通应用示范项目实施方案（2016—2019年）	重庆市政府	加快构建车联网应用示范工程及产品化公共服务平台，积极打造4.5G/5G网络通信、智能汽车与智慧交通融合发展的产业生态，强力支撑智能汽车与智慧交通关键技术和产品的工程化和产业化，推动我市电子信息、汽车制造等产业融合发展和转型升级，为我国宽带移动互联网、智能汽车与智慧交通等产业发展积累经验

附件二

我国智能交通发展技术标准列表

序号	名称	标准标号	实施时间	主要内容
1	合作式智能运输系统 专用短程通信 第1部分：总体技术要求	GB/T 31024.1-2014	2015年2月1日	规定了合作式智能运输系统对象通信关系及专用短程通信参考架构、专用短程通信支持的主要智能运输系统业务以及专用短程通信技术的要求、专用短程通信设备要求、安全要求及时间管理等。本部分适用于合作式智能运输系统中专用短程通信子系统应用的设计、开发、运行和维护，是制定合作式智能运输系统中专用短程通信应用的技术实现标准、质量测评标准及工程标准的依据
2	合作式智能运输系统 专用短程通信 第2部分：媒体访问	GB／T 31024.2-2014	2015年2月1日	规定了合作式智能运输系统专用短程通信的媒体访问控制层技术要求和物理层技术要求，包括系统参考模型、有中心节点通信模式的MAC层帧格式和MAC层功能、无中心节点通信模式的MAC层帧格式及功能、有中心节点通信模式的物理层参数及功能、无中心节点通信模式的物理层参数及功能
3	合作式智能交通系统 专用短程通信 第3部分：网络层和应用层规范	GB/T 31024.3-2019		规定了合作式智能运输系统专用短程通信网络层技术要求和应用层技术要求。本部分适用于合作式智能运输系统专用短程通信网络层级应用层的设计与开发
4	合作式智能运输系统 专用短程通信 第4部分：设备应用	GB/T 31024.4-2019	2019年12月1日	规定了合作式智能运输系统专用短程通信设备的应用技术框架、路侧单元（RSU）和车载单元（OBU）的设备总体要求，以及路侧单元设备的技术规格。本部分适用于合作式智能运输系统中专用短程通信设备的设计与开发

续表

序号	名称	标准标号	实施时间	主要内容
5	合作式智能运输系统 车用通信系统 应用层及应用层数据交互标准	T/CSAE 53-2017	2017年9月18日	定义合作式智能运输系统车用通信系统基础应用及基本要求，定义应用层数据集字典、数据交换标准及接口规范
6	智能交通 数据安全服务	GB/T 37373-2019	2019年12月1日	规定了智能运输系统安全支撑平台和数据安全服务内容。适用于智能运输系统实现基于密码技术的数据安全服务
7	智能交通 数字证书应用接口规范	GB/T 37374-2019	2019年12月1日	规定了智能运输系统中的数字证书应用接口和安全消息语法
8	智能运输系统 自适应巡航控制系统 性能	GB/T 20608-2006	2007年4月1日	规定了自适应巡航控制系统的基本控制策略、最低的功能要求、基本的人机交互界面、故障诊断及处理的最低要求以及性能检测规程。适用于ACC系统的性能检测
9	智能运输系统 消息集模板	GB/T 28425-2012	2012年10月1日	规定了智能运输系统消息集模板的框架、属性。适用于ITS中各种应用系统之间的消息交换，也适用于用户对ITS消息的逻辑说明
10	智能运输系统 通用术语	GB/T 20839-2007	2007年5月1日	规定了智能运输系统领域中的通用术语，包括：基本术语、交通管理、客运管理、货运管理、交通信息服务、智能公路与辅助驾驶、紧急事件与安全、电子收费、专用通信
11	智能运输系统 车辆前向碰撞预警系统 性能要求和测试规程	GB/T 33577-2017	2017年12月1日	规定了车辆前向碰撞预警系统（FVCWS）的性能要求和测试规程。适用于曲率半径大于125m的道路和激动车辆，包括轿车、卡车、客车与摩托车
12	智能运输系统 数据字典要求	GB/T 20606-2006	2017年4月1日	规定了智能运输系统数据字典的术语、定义和缩略语、ITS数据字典基本概念、ITS数据字典的元属性以及一致性要求。用于指导ITS数据字典开发者和用户建立ITS数据字典
13	智能交通管理系统规划编制指南	GA/T 1403-2017	2017年6月22日	规定了智能交通管理系统规划编制的一半规定、内容框架、规划目标和规划内容等

续表

序号	名称	标准标号	实施时间	主要内容
14	综合客运枢纽智能化系统建设总体技术要求	JT/T 980-2015	2015年11月1日	规定了综合客运枢纽智能化系统的功能要求、性能要求及设施设备技术要求。适用于总客运枢纽智能化系统的规划、设计、建设、改造及工程验收
15	智能交通 数字证书应用接口规范	GB/T 37374-2019	2019年10月9日	规定了智能运输系统中的数字证书应用接口和安全消息语法。适用于智能运输系统中数字证书应用相关的软硬件系统设计、研发及测试
16	电子收费 专用短程通信	GB/T 20851	2019年12月1日	规定了电子收费专用短程通信的物理层、数据链路层、应用层、设备应用、物流层主要参数测试方法

参考文献

陈晓博：《车路协同信息获取与数据交互建模及应用》，博士学位论文，清华大学，2013年。

邓延洁：《中国智慧港口发展及相关实践》，2019年。

华为、上海振华重工、中国移动、Vodafone：《5G智慧港口白皮书》，2019年。

华为、深圳机场：《深圳智慧机场数字化转型白皮书》，2019年。

交通运输部：《综合客运枢纽智能化系统建设总体技术要求》，人民交通出版社2015年版。

交通运输部推进交通强国建设领导小组：《交通强国建设专项研究成果汇编》，人民交通出版社2020年版。

交通运输部综合规划司：《数字交通发展报告》，人民交通出版社2019年版。

李平、邵赛、薛蕊、张晓栋：《国外铁路数字化与智能化发展趋势研究》，《中国铁路》2019第2期。

李彦陶：《新一代中铁银通卡在城际铁路的应用研究》，《铁路计算机应用》2020年第2期。

陆化普、李瑞敏、朱茵：《智能交通系统概论》，中国铁道出版社2004年版。

宁滨、唐涛、李开成、董海荣：《高速列车运行控制系统》，科学出版社2017年版。

邵进兴、任律珍、周世波：《国外E航海建设经验对我国E航海发展的启示》，《广州航海学院学报》2009第1期。

施卫忠：《我国编组站自动化技术现状与发展》，《铁路通信信号》，2018年第3期。

施卫忠：《我国编组站自动化技术现状与发展》，《铁路通信信号》2018年第3期。

汪鸣：《物流产业发展规划理论与实践》，人民交通出版社2014年版。

王东柱、杨琪：《欧洲合作式智能交通系统发展现状及相关标准分析》，《公路交通科技》2013第9期。

王涛：《ITS为中国公路导航——访亚太地区智能交通协会主席、全国智能运输系统协调领导小组办公室副主任张智文教授》，《中国公路》2000年第5期。

王同军：《中国智能高铁发展战略研究》，《中国铁路》2019年第1期。

王笑京、齐彤岩、蔡华：《智能交通系统体系框架原理与应用》，中国铁道出版社2004年版。

王笑京、沈鸿飞、马林、贾利民、杨琪：《中国智能交通系统发展战略》，人民交通出版社2006年版。

王笑京、虞明远、余艳春、李宏海、王先进：《我国交通运输低碳智能发展战略》，人民交通出版社2017年版。

王长君、李瑞敏：《城市交通智能管控20年发展反思》，《汽车与安全》2020第7期。

吴文化、向爱兵、毛科俊：《我国枢纽经济发展理论与实践》，经济科学出版社2019年版。

吴文化、宿凤鸣等：《中国交通2050：愿景与战略》，人民交通出版社2017年版。

杨琪、王笑京、齐彤岩：《智能交通系统标准体系研究》，《公路交通科技》2004年第7期。

杨琪、王笑京、齐彤岩等：《智能交通系统标准体系原理与方法》，中国铁道出版社2003年版。

杨伟民等：《新中国发展规划70年》，人民出版社2019年版。

张可、刘浩、刘冬梅、王春燕、李振龙:《智能交通系统体系框架构建方法与应用》,人民交通出版社 2013 年版。

张毅、姚丹亚:《基于车路协同的智能交通系统体系框架》,电子工业出版社 2015 年版。

赵昌文等:《平台经济的发展与规制研究》,中国发展出版社 2019 年版。

后 记

我从事智能交通研究工作已十余年，经历了智能交通工程项目设计和施工、学术研究、政策研究和制定等多阶段，研究工作内容和范围涉及综合交通运输体系的全领域。

本书是2020年在新型冠状病毒肺炎疫情期间完成。我对过去研究成果进行了全面的梳理沉淀，并结合新的形势进行了凝练和提升。本书还总结梳理了支撑国家相关部委完成智能交通规划和政策研究的工作内容，是国家智能交通政策研究中心的重要成果。

感谢宁滨老师，在智能交通领域研究给予的指导和帮助。感谢张毅、姚丹亚老师对本书撰写工作的指导。

感谢国家发展改革委综合运输研究所汪鸣所长、吴文化副所长对本书撰写工作的关心。感谢国家发展改革委基础设施发展司仵宏元处长对本研究工作的大力支持。感谢樊一江、程世东、毛科俊、丁金学以及马艺菲、蒋中铭等在本书撰写过程中给予的支持。感谢夫人宇婷和娇儿家肇给予的强力保障。向在本书写作过程中给予关心和支持的亲友表示衷心感谢！

陈晓博
2020年8月于北京东城青年湖